Für Naomi Klein und Charlotte

Kapitalisierung durch Privatisierung! Unter diesem Schlachtruf setzt mit der Regierung Kohl zu Beginn der 80er Jahre des letzten Jahrhunderts die größte Zerschlagungswelle auf die Fundamente der deutschen Volkswirtschaft seit Ende des Zweiten Weltkrieges ein. Andere Länder werden mit den Methoden der Schockstrategie eines Milton Friedman[1] privatisiert.

In Deutschland genügen Kampagnen gewisser Mainstream-Medien und Phrasen von Politikern, um unter dem Deckmantel einer Privatisierung die Grundpfeiler von Staat und Wirtschaft auf den Abfallhaufen der Geschichte zu entsorgen. Millionen Menschen verlieren Arbeitsplatz, Auskommen und Lebensinhalt. Die Zahl der Selbstmorde und Familientragödien geht in die Zigtausende.

Meilensteine dieser verhängnisvollen Entwicklung der vergangenen drei Jahrzehnte Bundesrepublik: Kohle und Stahl (Stichwort „Rheinhausen"), Bundespost, Bundesbahn, öffentlich-rechtlicher Rundfunk, Land-, Forst- und Tierwirtschaft, Universität (Stichwort „Bologna") und damit das Erfolgsmodell deutscher Forschung und Lehre, Wissenschaft, Wirtschaft, Kunst und Kultur der vergangenen mindestens dreihundert Jahre sowie in jüngerer Zeit Transrapid, Wasserversorgung und nicht zuletzt die Verkehrsinfrastruktur, Gegenstand dieses Buches – alles kaputt gemacht, verramscht und verhökert.

Friedrich H.B. Oehlerking berichtet seit anderthalb Jahrzehnten als Journalist über die Zerstörung des deutschen Wasserstraßensystems. In fast vier Jahren als Chefredakteur der führenden Fachzeitschrift auf diesem Gebiet hat er Höhen und Tiefen des Geschäfts kennengelernt und mit den wichtigen Entscheidern gesprochen.

Oehlerking weiß, was es heißt, als freier Journalist in einem freien Land im ersten Jahrzehnt des 21. Jahrhunderts vor Verbalexekutionskommandos von Firmen, Verbänden und Gremien zitiert und mit Anzeigenstopp oder gar Berufsverbot bedroht zu werden, nur weil man das freie Wort schreibt. Schonungslos weist er in seinem beeindruckenden Buch nach, wie eine unheilige Allianz der Macht vor nichts zurückschreckt, um nun auch das europäische Binnenwasserstraßennetz, das beste der Welt, zum Verramschen an die Privatisierungsheuschrecken des internationalen Kapitals schrottreif zu schießen.

Friedrich H.B. Oehlerking

Kapitalisierung durch Privatisierung

Heuschrecken-Alarm an der Wasserfront

Binnenreeder: Uneinigkeit macht Streik
EU: Geistesstörung bei Marktstörung
WSV: Zerschlagung eines Erfolgsmodells

getfax Graubuch Logistik

getfax Verlag F. Oehlerking, Winterstr. 23a, D-85253 Erdweg
www.duisburg-gipfel.eu

Titel: Heuschrecken-Alarm an der Wasserfront
Reihe: Logistik, Graubuch

8 farbige Abbildungen

© getfax F. Oehlerking, Erdweg, 2013
Alle Rechte vorbehalten. Dieses Werk samt aller seiner Teile ist urheberrechtlich geschützt. Jede Verwertung außerhalb der engen Grenzen des Urheberrechtsgesetzes ist unzulässig und strafbar. Ohne schriftliche Genehmigung des Verlages ist es deshalb nicht gestattet, das Buch ganz oder Teile aus ihm nachzudrucken oder auf sonst irgendeinem Wege zu vervielfältigen. Das gilt auch für Übersetzungen, Mikroverfilmungen und die Einspeisung und Verarbeitung in elektronischen Systemen.

Titelbild: Querstapellauf des Tankschiffes „Lena", Duisburg, in Groningen (Niederlande) 2011
Foto: Marina Oehlerking
Montage: Friedrich H. B. Oehlerking
Covergestaltung: Friedrich H. B. Oehlerking
Layout und Produktion: Friedrich H. B. Oehlerking
Herstellung und Verlag: BoD – Books on Demand, Norderstedt

Printed in Germany 2013

ISBN: 978-3-7322-5111-7
Nationalbibliografie, Deutsche Nationalbibliothek http://dnb.dnb.de.

INHALT

Einleitung   **7**
Eine Heuschrecke kommt selten allein   7

Zerschlagung eines Erfolgsmodells   **18**
Der Streik der Schleusenwärter   18
Von Lkw-Fahrern und Partikulieren   22
Binnenreeder: Zwischen Reform und Privatisierung   24
WSV und Kategorisierung: Explosive Gemengelage   29

Das Erfolgsmodell WSV   **36**
WSV ist gelebter Hochwasserschutz   36
Jahrhundertbauwerk Elbeu   39
Undank ist der Welt Lohn   41
Eisgang – Leckerbissen für private Unternehmer   46
Trögeschrubben auf dem Wasserstraßenkreuz   56
Verschlusssache Wehr Untertürkheim   58
Schiffe für jeden Zweck   62

TEN-V – Netz mit doppeltem Boden   **67**
ZKR: Das nächste Opfer   67
Privatisierungsobjekt TEN-T   70
Küstenkanal: Die Katze beißt sich in den Schwanz   74
Donau: Viel Geld für eine vertane TEN-Chance   85

Geistesstörung bei Marktstörung   **89**
Schlechte Zeiten für monomodale Reeder   90
Dürre in der Trockenschifffahrt   93
Überkapazitäten und niedrige Frachtraten   100
Finanzierungssituation der Binnenschifffahrt   107

Schluss   **111**
Uneinigkeit macht Streik   111

Personen- und Sachregister   **119**
Anmerkungen   **124**
Abkürzungen   **128**
Abbildungen   **129**

Einleitung

Eine Heuschrecke kommt selten allein

Heuschrecken-Alarm an der Wasserfront. Jedem ist natürlich klar, dass mit Heuschrecken hier das Bild des gefräßigen Insektes gemeint ist. Das könnte man positiv auffassen, hat das Geziefer doch schon Moses und dem Volk Israel bei ihrer Flucht aus Ägypten wertvolle Unterstützung geleistet.

In diesem Buch steht der Begriff „Heuschrecke" – der Zusatz „Alarm" deutet es an – im negativen bildlichen Sinne für ein Ungeziefer. Das Bild stammt nicht von mir. Wikipedia[2] weiß zum Begriff der „Heuschrecke" unter anderem, dass er im April und Mai 2005 geprägt wurde. Auslöser war eine Äußerung des damaligen SPD-Vorsitzenden Franz Müntefering.

Er verglich das Verhalten mancher anonymer Investoren mit Heuschreckenplagen. „Heuschrecken" gelten im deutschen politischen Sprachgebrauch seitdem als eine abwertende Tiermetapher für *Private-Equity*-Gesellschaften sowie gegen andere Formen der Kapitalbeteiligung mit mutmaßlich zu kurzfristigen oder überzogenen Renditeerwartungen, wie *Hedge-Fonds* oder sogenannte „Geierfonds".

Das Bild der „Heuschrecke" wurde bemüht, als weltweite *Hedge-Fonds*, also Hecken-Fonds im ersten Jahrzehnt begannen, wie Heckenschützen alles ins Visier zu nehmen, was gut und renditekräftig schien, um auf dessen Kosten zu spekulieren, Substanz verrotten zu lassen und es zum Schluss an den Wenigstbietenden zu verhökern, zu verramschen und zu verscherbeln. Der kann dann noch dem zur Vergewaltigung freigegebenen Unternehmenswrack seine eigenen horrenden Schulden aufbürden, bevor er es dem Insolvenzverwalter zur Ausschlachtung überantwortet.

Es geht mir nicht um eine grundsätzliche Verteufelung privaten Eigentums als Hauptpfeiler unserer gesellschaftlichen Grundordnung. Private Initiative und privates Unternehmertum müssen als Motoren unserer Volkswirtshaft selbstverständlich geschützt und gefördert werden. Damit sie möglich sind und funktionieren können, muss der Staat die dafür nötigen Rahmenbedingungen wie systemische Infrastrukturen schaffen und vorhalten. Es kann aber nicht sein, dass diese Infrastrukturen ebenfalls in privater Hand betrieben und geschäftlich ausgenutzt werden, wenn Geschäft die Ausnutzung der wirtschaftlichen Notlage des anderen zum eigenen Nutzen bedeutet. Dann bleibt die Wirtschaft stehen.

Um einen Vergleich zu bemühen: Das Rechenprogramm „Excel" nennt eine solche Funktionsweise einen „Zirkelbezug". Ein Zirkelbezug liegt bei „Excel" vor, wenn sich eine Formel direkt oder indirekt auf die Berechnungszelle bezieht, in der sie steht; angewandt auf unseren Fall also die „Formel" Privateigentum sich auf die „Berchnungszelle" systemische Infrastruktur bezieht. Stößt „Excel" auf einen Zirkelbezug, verweigert es die Berechnung.

Ein zweiter Vergleich vielleicht noch: Im Biologie-Unterricht lernen wir, dass zum Beispiel Löwen Fleischfresser, Bären Allesfresser, Kühe aber Pflanzenfresser sind. Das Tier Kuh verträgt den direkten Nahrungsbezug Tier nicht. Wenn man Kühen Fleisch in Form von Tiermehl zu fressen gibt, kommt es zu einem Zirkelbezug in der Nahrungskette: die Kühe bekommen BSE, zu Deutsch: sie werden verrückt. 1985 und 1986 wurde BSE erstmals in England bei zehn Rindern festgestellt, bis 1992 bei über 36.000. In Großbritannien wurde danach Tiermehlfütterung völlig verboten.[3]

Es geht mir bei der Betitelung „Heuschrecke" in diesem Buch auch nicht um eine Bezeichnung für bestimmte Menschen persönlich, sondern um die Geißelung einer bestimmten Denkrichtung, die aus Unternehmen, in denen Menschen arbeiten, von denen das Leben ganzer Familien, Lebensgemeinschaften, Gemeinden, Stadtteile, Städte und Länder abhängen, Zahlen und abstrakte, auf ihrem Tableau von Wirtschaftsplanungen und *Spread-sheets* beliebig nach dem jeweiligen wirtschaftlichen Gutdünken der betreffenden „Heuschrecke" verschiebbare Masse macht.

Diese Heuschrecken-Denkrichtung macht sich seit Jahren in aller Welt, auch in Europa breit. Die Zahl der Unternehmen, die ihr zum Opfer gefallen sind, ist Legion. Namen von Unternehmensleichen wie Wasserhahnbauer Grohe pflastern ihren Weg. Ein anderes prominentes Beispiel sind die Bahnhöfe der ehemaligen Deutschen Bundesbahn, der späteren Deutschen Bahn. Sie hatte eigentlich für die Heuschrecken-Firmen an den Börsen dieser Welt übernahmereif geschossen werden sollen. Der Börsengang war politisch nicht durchsetzbar, die Heuschrecken ließen sich davon aber nicht abschrecken.

Die „Süddeutsche Zeitung" (SZ) wies 2011 auf das bei der Bahn um sich greifende Heuschreckenwesen hin[4]. „Das deutsche Bahnhofsdrama ist", so heißt es in dem Bericht, „eine Spätfolge der Privatisierung." Zig verschiedene DB-Gesellschaften haben demnach an einem Bahnhof das Sagen: Die eine kümmert sich um die Bahnsteige, die andere um das Gleis, eine dritte um die Fahrkartenautomaten. Der SZ-Bericht: „Die eigentlichen Hauptgebäude gehören inzwischen vielerorts einer Heuschrecke."

5.400 Bahnhöfe wurden demzufolge im Zuge der Reform zuerst in die DB Station & Services AG ausgegliedert. 2001 gingen die ersten 500 an die Firma First Rail Estate. Vier Jahre später war sie pleite. Nun stieg Patron Capital ein, ein britischer Finanzinvestor mit deutschen Partnern, der weitere Bahnhöfe hinzukaufte, zuletzt im Januar 2008. Damals kassierte die DB für 490 Standorte einen mittleren zweistelligen Millionenbetrag. Aktuell dürften Patron Capital etwa 1.000 Bahnhöfe gehören. Deren deutsche Tochterfirma Main Asset Management ist für sie zuständig. Fast 2.800 Bahnhöfe wurden bundesweit bereits verkauft, die meisten im Paket.

„Ein großer Teil der Immobilien ist für den Bahnbetrieb nicht mehr notwendig und oft nicht wirtschaftlich zu betreiben", sagte ein Bahn-Sprecher dem Blatt. Man werde sich dauerhaft auf bundesweit 600 bis 700 Empfangsgebäude konzentrieren, die man noch benötige. In Ostdeutschland sank allein 2005/2006 die Zahl der Bahnhöfe in diesem Kernportfolio der DB von 528 auf ganze 73.

Fast wäre 2013 die Wasserversorgung in den Privatisierungsstrudel geraten, hätte nicht eine wirklich demokratisch zu nennende Allianz der mehr als 1,5 Millionen Europäer und des EU-Parlamentes im Rahmen einer europäischen Bürgerinitiative die EU-Kommission im Juni 2013 gezwungen, die Wasserversorgung aus dem Entwurf einer eigens erlassenen EU-„Konzessionierungsrichtlinie", zu Deutsch: Privatisierungsrichtlinie zu streichen.

Wohl gemerkt: nur die Wasserversorgung wurde herausgenommen; in der Konzessionierungsrichtlinie verbleiben hingegen Postdienste sowie die Energie- und die Verkehrsversorgung, d.h. die Verkehrsinfrastruktur.

Wie man sieht, braucht man keine Verschwörungstheorien zu bemühen. Was bei dem Wasserhahnbauer Grohe klappte, fast bei der Wasserversorgung geklappt hätte oder sich bei der Bahn für die Kapital-Heuschrecken tatsächlich bewährt hat – warum sollte sich das nicht auch auf die Wasser- und Schifffahrtsverwaltung anwenden lassen? Man vergleiche nur die Symptome: Bahnhöfe dort, Schleusen hier; Gleisstrecken dort, Kanäle und Flüsse hier. Das Strickmuster ist immer das gleiche: Verrotten lassen, nicht ausbauen, nicht neu bauen – Rost, Ratten, Ramponieren.

Das Zukunftsszenario des Heuschrecken-Projektes Wasser- und Schifffahrtsverwaltung lässt sich leicht an den Fakten von Heuschrecken-Projekten wie der Bahn ausmalen. Die eine Heuschreckenfirma kümmert sich um die Kais, die andere um die Flusssohle, eine dritte um die Schleusentore usw. Damit sie möglichst billig an die Filethappen kommen – Nicht-Filethappen werden als Restwasserstraße oder freifließendes Gewässer einer vor allem aufgrund der Massenmedienberieselung romantizierten Versandung nach dem immer wieder bemühten Ideal der französischen Loire überlassen – müssen die erst einmal so schlecht dastehen, dass kein vernünftiger Kaufmann auch nur einen Cent dafür ausgeben würden, allenfalls einen symbolischen Euro. Den wird dann in geheuchelter Selbstaufopferung eine Heuschreckenfirma aufbringen – bei womöglich publicityträchtig auf Pressekonferenzen zelebrierter Übergabe an einen Verkehrsminister.

Zwecks endgültiger Auslieferung der Verkehrsinfrastruktur an internationale Hedge-Fonds werden derzeit die Festungen der drei Landverkehrsträgernetze Straße, Schiene und Wasserstraße geschleift. Heruntergekommene Bahnhöfe, vor sich hinrostende Schienen, schlaglochübersäte Straßen, marode Brücken, Ausbau- und Wartungsstopp von Wasserstraßen und Schleusen sowie schließlich die Zerschlagung der seit rund 130 Jahren hervorragende Dienste leistenden Wasser- und Schifffahrtsverwaltung sind nur die Spitze des Eisberges dessen, was mit dem zu erwartenden Transport-Tsunami noch auf unsere Volkswirtschaft zukommen wird.

Solche Zerschlagungsorgien gibt es überall auf der Welt. In Großbritannien entmachtete die „Eiserne Lady" Margaret Thatcher mithilfe des Falkland-Krieges die Gewerkschaften, damit die nicht mehr in ihr Privatisierungshandwerk pfuschen konnten. Andere namhafte Modelle lieferten Pinochet, Galtieri oder Paz in Südamerika, Suharto in Indonesien, Saddam Hussein im Irak, Taliban in Afghanistan oder der sogenannte „Arabische Frühling" in Nahost, der Tsunami im Indischen Ozean 2004 oder Hurricane Katrina im Süden der USA 2005.[5]

Für die deutsche Privatisierungskampagne bedarf es keiner menschengemachten Kriege oder naturgewollten Katastrophen. In Deutschland geht alles demokratisch und von Schönwetteraktionen begleitet zu. An der Zerschlagung der Binnenschifffahrt und ihrer Wasser- und Schifffahrtsverwaltung arbeitet eine breite Allianz.

Sie reicht von Genossenschaften und Teilen des Gewerbes selbst über grüne und rote angebliche Naturschutzgruppierungen wie BUND, NABU, Vogelschutz oder Greenpeace bis hin zu Europäischer Union, Wirtschaftsverbänden, Politikern, egal ob schwarzer, grüner oder roter Färbung, sowie dem alles überschattenden straßen- und schienenfahrzeugtechnischen Industriekomplex.

Wasser auf die Mühlen dieser Allianz zur Zerstörung der deutschen Binnenschifffahrt spülte wie eine Art Katrina das Jahrhunderthochwasser 2013 im Süden und Osten der Republik. Die Auswirkungen gingen weit über den Umfang der Schäden des vorangegangenen

Jahrhunderthochwassers 2002 hinaus. Kaum schwappte das Wasser in die Wohnungen der Bewohner von Deggendorf, Grimma oder Wittenberg, fand sich ein Vertreter der großen Antibinnenschifffahrtskoalition, um, das Ziel der Zerstörung des Wasserstraßennetzes immer fest im Blick, die Schuld im binnenschifffahrtstauglichen Ausbau der Flüsse zu suchen.

Da konnten Katastrophenschutz, Feuerwehr, technische Hilfswerke und die Wasser- und Schifffahrtsämter noch so viele verfügbare Kräfte mobilisieren, um in Tag- und Nachteinsätzen Schlimmeres zu verhindern und zu versuchen, den aufgrund unzureichenden Flussbaus mangelnden Hochwasserschutz mit Notbehelfen wie Schiffssperren und Deichsprengungen wenigstens ansatzweise wettzumachen – die ewige Leier von der Ursächlichkeit angeblich nicht freifließender Flüsse an der Flut war die ständige Begleitmusik, die wie ein Tinitus dem ahnungslosen Hör- und Sehpöbel an Glotze und Lausche aufs Trommelfell gedudelt wurde.

Dass in weiten Teilen des deutschen Wasserstraßennetzes Flüsse zum Wohle der Gemeinschaft dank einer professionell funktionierenden Wasser- und Schifffahrtsverwaltung und den ihr zuarbeitenden privaten Unternehmen des Wasserbaus ausgebaut sind, nicht nur als Wasserstraßen, sondern vor allem zu Zwecken des Hochwasserschutzes – das wird ausgeblendet, teilweise mit Gewalt unterschlagen.

Die Fachzeitschrift „Schiffahrt Hafen Bahn und Technik (SUT)"[6] berichtete etwa, dass die Dresdner Altstadt mit ihren historischen Gebäuden nur deswegen vor den Fluten gerettet werden konnte, weil mittlerweile eine mobile Hochwasserschutzwand dort gebaut worden war. SUT-Herausgeber Hans-Wilhelm Dünner nennt als Ursachen für einige Hochwasserschäden „geplante aber nicht ausgeführte Hochwasserschutzprojekte sowie Einsprüche von Anliegern gegen den Bau von Schutzdämmen".

Solche Einsprüche gingen in einem Fall soweit, dass ein für Hochwasserschutzmaßnahmen Verantwortlicher in Sachsen sogar unter Polizeischutz gestellt werden musste.

„Fatal" nennt es Dünner, dass Rot-Grün aus ideologischen Gründen den Elbe-Ausbau gestoppt habe und dessen Wiederaufnahme auch unter Schwarz-Gelb verzögert wurde. Anstatt „längst überfällige Entscheidungen für den Ausbau der Elbe mit einem Wasserstand von 1,60 Metern an 345 Tagen im Jahr zu treffen" sei alles getan worden, um die Beseitigung der letzten Engstellen im Fahrwasser zwischen Lauenburg und der tschechischen Grenze „bis zum Sankt-Nimmerleins-Tag hinauszuzögern", so Dünner.

Auch für Dünner ist Flussbau in erster Linie Hochwasserschutz. Man habe nicht aus den Schäden der Vergangenheit gelernt, nicht durch qualifizierte Investitionen in die Wasserstraßen erneuten Schäden durch ein Hochwasser wie 2013 vorgebeugt.

So hätte durch den Bau des seit langem geplanten, aber immer wieder aufs Abstellgleis verschobenen Saaleseitenkanals das Wassereinzugsgebiet der Saale einen zweiten Abfluss in die Elbe bekommen. Das hätte bei der Flut 2013 dazu geführt, dass der Hochwasserscheitel der Saale vor dem der Elbe abgeflossen wäre. Als Folge davon wäre ein gleichmäßigeres Ableiten der Wassermengen möglich geworden.

Es wäre allerdings zu kurz gedacht, nur finanzielle Engpässe oder Einsprüche von Anwohnern vorort für die Versäumnisse verantwortlich zu machen. Es mutet wie von einem anderen Stern an, wenn ein Bundesverkehrsminister Ramsauer eine WSV-Reform gegen alle Ratschläge, Mahnungen, Warnungen von Fachleuten, Weggefährten, Parteikollegen, politischen Gegnern und Freunden durchsetzen will.

Auch der Streik der WSV-Mitarbeiter 2013 kommt ja nicht aus dem Nirwana, nur weil ein paar Kanalarbeiter mehr Geld haben wollen oder dem Minister übel wollen. Das gesamte Projekt wurde „im stillen Kämmerlein ohne substantiellen Sachverstand ersonnen und über die Köpfe der Betroffenen hinweg unter Auslassung demokratischer Beratungsinstanzen *par ordre du mufti* durchgesetzt", schreibt Dünner.

Dünners Politikerschelte greift allerdings zu kurz, wenn er als Drahtzieher nur „eine kleine Riege getreuer Weggefährten des Ministers seiner Vollzugsclique" ausmacht, die „sich absolut beratungsresistent zeigten gegen Warnungen der Gewerbeverbände aus Schifffahrt und Häfen, gegen eindeutige Beschlüsse der Länderverkehrsminister, gegen Bedenken sachkundiger Oppositionspolitiker".

Mag man Bundesverkehrsminister Peter Ramsauer (CSU) so viel Beratungsresistenz vorwerfen, wie man will – muss es aber nicht genauso befremden, wenn die SPD von der Marburger Professorin für Staats- und Verwaltungsrecht, Prof. Dr. Monika Böhm, ein Rechtsgutachten zur Neuorganisation der Wasser- und Schifffahrtsverwaltung des Bundes erstellen lässt, das mit keiner Silbe die Reform grundsätzlich in Frage stellt?

Die Genossen kritisieren alles mögliche: Schwarz-Gelb habe lediglich, so der Maritime Koordinator der SPD-Bundestagsfraktion Uwe Beckmeyer und der zuständige Berichterstatter Gustav Herzog in ihrer Erklärung vor der Presse am 4. Juni 2013, bei der Reform „Rechtsunsicherheit bewusst in Kauf genommen".[7] Das Gutachten zeige, dass das Verfahren, in dem die Reform vom Ministerium durchgepaukt wurde, zu massiver Rechtsunsicherheit insbesondere in den Bereichen führe, in denen das Verhältnis der Behörden zu den Bürgern berührt sei, beispielsweise bei der Durchführung von Planfeststellungsverfahren, aber auch bei Abgabenbescheiden sowie bei Angelegenheiten der WSV-Beschäftigten. Es berge zudem erhebliche Risiken für die Arbeitsabläufe der WSV und gefährde den gesamten Verkehrsträger Bundeswasserstraßen.

Die ganze Befürchtung der Sozialdemokraten erschöpft sich darin, dass dadurch die Rechtswidrigkeit von Verwaltungsentscheidungen und nachfolgende Gerichtsverfahren drohen könnten. Sie sehen sich als eitle Wahlkämpfer durch das Gutachten in ihrer Einschätzung bestätigt, dass für eine rechtsfeste Umsetzung der Reform ein Gesetz erforderlich gewesen wäre, um die Kompetenzen in der Wasser- und Schifffahrtsverwaltung an die neue Verwaltungsstruktur anzupassen. Das betreffe insbesondere die Übertragung der Aufgaben und Zuständigkeiten von den Wasser- und Schifffahrtsdirektionen auf die neue „Generaldirektion für Wasserstraßen und Schifffahrt".

Es treibt die Parlamentarier der Opposition die Sorge um, dass die Bundesregierung beim Verwaltungsumbau Bundestag und Bundesrat umgangen und nicht vorher eine gesetzliche Grundlage geschaffen habe. In der Tat hatte sie einen im Dezember 2012 vorgelegten Gesetzentwurf nach scharfer Kritik von Ländern und Verbänden zurückgezogen.

Die SPD- oder grünregierten Länder Schleswig-Holstein, Rheinland-Pfalz, Bremen und Hamburg sind mit ihrem am 6. Mai 2013 im Bundesrat angenommenen Entschließungsantrag gegen die Neuordnung der WSV natürlich stramm auf Parteilinie. Sie befürchten, dass durch die Abschaffung der regionalen WSDen sowie der Ämterumstrukturierung das regionale Know-how verloren gehen und ihre sowie die Belange der Schifffahrt damit nicht in dem erforderlichen Maße berücksichtigt werden könnten. Die Reform führe, so die Sorge der Länder, zu weiteren Schnittstellen und zu einem ihrer Ansicht nach nicht hinnehmbaren Verlust in der Verkehrsqualität.

Interessant ist die Haltung der protestierenden Länder wieder wegen der von ihnen angeführten einzelnen Protestpunkte. Sie monieren, dass sie nicht ausreichend Gehör gefunden hätten, lassen sich von eitelen Zuständigkeitsquerelen und Parteivorgaben leiten. Immerhin sehen sie wenigstens die Funktionstüchtigkeit der WSV durch die Reform gefährdet. Aber von der grundsätzlich politisch gewollten Zerschlagung der WSV mögen auch sie keinen durchgreifenden Abstand nehmen.

Haben wir also im Antrag der Länder oder etwa in der Ankündigung Beckmeyers und Herzogs, nach einem Regierungswechsel würde die SPD-Bundestagsfraktion zügig ein mit Ländern und Beschäftigten abgestimmtes Gesetz vorlegen, um die durch das schwarz-gelbe Regierungshandeln entstandene Regelungslücke zu schließen und Rechtssicherheit für die Bürger, aber auch für Wirtschaft und Bundesländer zu schaffen, ein Signal zu erblicken, dass die Zerschlagung der WSV mit anderen, meinetwegen auch rechtssicheren Mitteln weitergehen soll? Fast sieht es so aus: keine Forderung von SPD oder Grünen, den Bestand der WSV in der bisherigen Form sichern zu wollen, keine

Arbeitsplatzgarantien für die verbliebenen noch knapp 12.000 WSV-Mitarbeiter für den Fall, das Rot-Grün im September an die Regierungsmacht im Bund gelangen sollte, keine Solidaritätsadresse an die Streikenden in der WSV.

Hier könnte sich die Fortsetzung der unter den Ramsauer-Vorgängern aus der SPD begonnene politische Allianz quer durch die Parteien ankündigen. Einziger Unterschied wäre, dass deren *Porte-parole* derzeit gerade ein Minister Ramsauer ist, der dann ab September aber genauso gut mit ähnlichen Qualifikationen gegen einen Minister Florian Pronold, wie Ramsauer Bayer, ausgetauscht würde. Er würde dieselbe Politik weiter betreiben, vielleicht garniert mit einem Gesetzchen hier und einer modifizierten Verordnung dort – Hauptsache die Richtung ist dieselbe, und die wäre: Zerschlagung der WSV, ob das der Bürger will oder nicht.

Allein die objektive Berichterstattung über diese Zusammenhänge in der Binnenschifffahrt haben mich zu der Überzeugung gebracht, dass das Wirken der Gewerkschaft in diesem Zusammenhange nicht nur den Belangen der WSV-Mitarbeiter dient, sondern darüber hinaus den Interessen der Wirtschaft in Gestalt der verladenden Unternehmen und vor allem der deutschen und mitteleuropäischen Volkswirtschaft sowie in Konsequenz davon der globalisierten Weltwirtschaft.

Dies wird von der Politik ausgeblendet. Wäre es nicht so, wäre es unverständlich, warum als systemisch eingestufte Organe der Volkswirtschaft wie die Banken auf Kosten der Steuerzahler vom Staate unterstützt werden, während ein anerkanntermaßen nicht minder systemischer Verwaltungsapparat wie die Wasser- und Schifffahrtsverwaltung mutwillig zerschlagen wird – und weder Politik noch Wirtschaft, nicht Berlin, nicht Brüssel oder München, rühren den kleinen Finger, um sie wenigstens zu retten, geschweige denn überlebensfähig oder gar markt- und zukunftsfähig zu erhalten und auszubauen.

Dieses Buch will nicht mehr und nicht weniger, als einige wenige Symptome, wie sie sich mir in gut anderthalb Jahrzehnten journalistischer Befassung mit dem Thema dargestellt haben, festhalten. Es sind

Ausschnitte eines Dramas, dessen wohl letzter Akt dieser Tage mit der Bundestagswahl 2013, zusätzlich beflügelt durch wieder einmal ein Jahrhunderthochwasser, orchestriert wird.

Ich wollte in diesem Buch einige Verdienste der WSV aufgeschrieben haben, um verladender Wirtschaft, Reedern, Schiffsunternehmern, allgemeiner Öffentlichkeit, Medien und Politik den hohen Wert der Verwaltung des für uns alle so überaus wichtigen Verkehrsträgers Binnenschifffahrt in Erinnerung zu rufen.

Um hier ein Signal zu geben an die Streikenden, dass sie nicht allein sind, habe ich dieses Buch geschrieben. Diese kompakte Aufbereitung von Arbeitsweise und Verdiensten der WSV soll den Streikenden, ihren Unterstützern in der Gewerkschaft und darüber hinaus Argumentationsmaterial an die Hand geben.

Erdweg, im Juli 2013

Friedrich H.B. Oehlerking

Nachtrag

Nach Redaktionsschluss zu diesem Buch erreichten uns die Nachrichten zu dem Personaldesaster der Bahn in Mainz. Darüber schrieb ich auf „www.treffpunkt-betriebsrat.de" am 12. August 2013 folgende Nachricht: „Die Betriebsräte der Bahn hatten seit langer Zeit darauf aufmerksam gemacht – ohne jedoch bei den Bahnvorständen Gehör zu finden. In Fachkreisen besteht kaum noch Zweifel darüber, dass es unmittelbar als Folge der Sparpolitik bei Bahn und Bund angesehen werden muss. Diese habe zu Einsparungen von über 10.000 Mitarbeitern geführt, die jetzt an allen Ecken und Enden fehlen."

Gleiches Problem wie bei der WSV, anderer Verkehrsträger. Die Zerschlagung der Verkehrsinfrastruktur an allen Fronten.

Erdweg, Mitte August 2013

Friedrich H.B. Oehlerking

Zerschlagung eines Erfolgsmodells

Der Streik der Schleusenwärter

Am 8. Juli 2013 war es soweit. Zum ersten Mal in der Geschichte der Wasser- und Schifffahrtsverwaltung (WSV) streiken ihre Beschäftigten in ihrer eigenen Sache. Auch früher hatten Beschäftigte der WSV schon gestreikt. Aber wenn, dann allenfalls im Zuge der periodisch wiederkehrenden Lohnrunden der Vereinten Dienstleistungsgewerkschaft (ver.di).[8] Dabei ging es um einige Prozente Lohnerhöhung im Jahr. Zudem hatte man sich einem größeren Mehrheitsvotum zu fügen, das nicht immer den Interessen der WSV-Beschäftigten im engeren Kreis entsprechen musste.

Diesmal ist alles anders. Jetzt geht es nicht um ein paar Prozentpünktchen mehr oder weniger auf dem Lohn- oder Gehaltszettel. Die Zukunft einer gesamten Bundesbehörde steht auf dem Spiel. 12.000 WSV-Beschäftigte bangen um ihre Arbeit, ihre Lebensgrundlage, ihren Lebensinhalt, die Wasserstraße. Was war geschehen?

Drei Tage zuvor, am Freitag den 5. Juli 2013, ruft Ver.di die WSV-Beschäftigten sowie deren Kollegen in den vorgesetzten Behörden des Bundesverkehrsministeriums dazu auf, vom darauffolgenden Montag, dem 8. Juli an mehrere Tage die Arbeit niederzulegen. Bereits am 6. November 2012 hatte Ver.di die Bundesregierung zu Tarifverhandlungen aufgefordert – ohne Erfolg. Bei einer Urabstimmung Ende April hatte dann eine überwältigende Mehrheit von mehr als 95 Prozent der Ver.di-Mitglieder in der WSV für einen Streik gestimmt.

Zunächst sind Baden-Württemberg und Nordrhein-Westfalen dran, am 9. Juli folgen Niedersachsen, Bremen und Bayern, am 11. Juli Rheinland-Pfalz und das Saarland. Seit Montag, 22. Juli, werden in Bayern erneut Schleusen bestreikt, vom nächsten Tag, Dienstag an erfassen die Arbeitsniederlegungen drei Tage lang Nordrhein-Westfalen und Niedersachsen, ab Donnerstag zudem Schleusen in Berlin und Brandenburg für drei Tage. Ausgenommen sind Beschäftigte, die mit der Bewältigung der Flutfolgen befasst sind. Sie sollten „selbstverständlich weiterarbeiten", so Ver.di-Bundesvorstandsmitglied Achim Meerkamp. Die Streiks würden vor allem durch Schließung der Schleusen große Auswirkungen auf Gütertransporte, aber auch auf die Fahrgastschifffahrt haben.

Das hatten sie in der Tat. „Die betroffenen Reedereien schreiben Verluste in Millionenhöhe. Auf die Verlader kommen durch verzögerte Aus- und Anlieferungen von Material und Rohstoffen, verpasste Seehafen-Anschlussverkehre und kostspieliges Ausweichen auf andere Transportmittel erhebliche Zusatzkosten zu", sagte Dr. Holger Hildebrandt, Hauptgeschäftsführer des Bundesverbandes Materialwirtschaft, Einkauf und Logistik e.V. (BME).[9]

Ende Juli warteten vor den Schleusen im westdeutschen Kanalgebiet Hildebrandt zufolge mehr als 100 Binnenschiffe auf ihre Weiterfahrt. „Das entspricht in etwa dem Laderaum von 1.500 Lastkraftwagen", so der BME-Mann. Ein Umladen auf alternative Verkehrsträger sei kurzfristig sehr aufwendig. So seien beispielsweise Tankwagen für den Transport von Spezialflüssigkeiten per Bahn oder Lkw seit Jahren extrem knapp. Alternativen gebe es nur zu erheblich höheren Preisen. Für viele Verlader bedeute dies Lieferverzug, weitere Kosten durch Zwischenlagerung und Stress mit der Kundschaft.

Der BME befürchtet aufgrund des Streikes bei Unternehmen empfindliche Störungen und gar Ausfälle der Produktion. Demnächst stünde vielleicht die Versorgungssicherheit mit Produkten der Ölindustrie oder der Nahrungsmittelindustrie in Frage. Denn unter den rund 50 Millionen Tonnen Gütern, die im Jahr mit Binnenschiffen durch Deutschland transportiert werden, sei deren Anteil wie auch der anderer Massengüter besonders hoch. Die meisten Industriebetriebe verfügten lediglich über Material- und Rohstoffreserven für eine Woche. Viele Lieferketten seien zum Zerreißen gespannt und könnten reißen.

Hildebrandt: „Die jüngste Transportkrise zeigt erneut, wie wichtig funktionierende Risikomanagement-Systeme sind. Einkauf und Logistik tragen hierbei die größte Verantwortung." Sie müssten rechtzeitig Maßnahmenpläne für potenzielle Lieferengpässe in ihren Unternehmen verankern, um bei Störungen schnell reagieren zu können. Der Bundesverband der Deutschen Industrie e.V. (BDI) meldete sich ebenfalls zu Wort und bezeichnete den Streik als „unverhältnismäßig".[10]

Immerhin, so viel hat der Streik bewirkt: mit BME und BDI – Großkonzerne der Nutzfahrzeugindustrie der konkurrierenden Verkehrsträger Schiene und Straße zählen zu den Hauptbeitragszahlern der Verbände – erkennen in kaum gekannter Deutlichkeit öffentlich wirksam höchste Standesorganisationen der deutschen Industrie die Not, die entsteht, wenn der Mauerblümchenverkehrsträger Binnenschifffahrt einmal nicht im gewohnten Umfang verfügbar ist.

Ob das reicht, die Politik ebenfalls zur Umkehr in ihrer Binnenschifffahrtspolitik zu bewegen und im Streik einzulenken, ist fraglich. Vorerst jedenfalls ist davon nichts zu spüren. Nach einem Sondierungsgespräch und zwei Verhandlungsterminen hatte Ramsauer kein Angebot unterbreitet, sondern nur zusammen mit seinem Parteikollegen und Bundesinnenminister Hans-Peter Friedrich Zusagen gegeben. Ramsauer hatte einseitig erklärt, der Bund wolle auf betriebsbedingte Kündigungen verzichten, und den Beschäftigten in der Wasser- und Schifffahrtsverwaltung die nötige Rechtssicherheit zugesichert.

Diese aber böte in Augen von Ver.di nur ein Tarifvertrag, der für beide Seiten und damit auch für eine künftige Bundesregierung bindend ist. Selbst wenn er von einer Seite zu einem gemeinsam vereinbarten Kündigungstermin gekündigt würde, wirkten die getroffenen Regelungen für die Beschäftigten dauerhaft nach. Mehr als die Bundesregierung, die sich sowieso im Wahlkampf befindet und von daher andere ihr wichtigere Punkte auf ihrer Prioritätenliste weiß, trifft der Streik das Binnenschifffahrtsgewerbe und die verladende Wirtschaft. Die sehen sich nicht in der Verantwortung dafür, dass die Politik ihre Verwaltung umbauen will, sondern erneut als unschuldige Opfer nach der Hochwasserkatastrophe im Frühling 2013.

Das bedauert zwar auch Meerkamp. Kritik muss sich Ver.di deswegen insofern gefallen lassen, als „die Lage für viele Unternehmen grundsätzlich sehr kritisch ist", wie Andrea Beckschäfer vom Bundesverband der Selbständigen e.V., Abteilung Binnenschifffahrt (BDS) anmerkt.[11] Sie würde für einige noch kritischer, die zuvor im Hochwasser gelegen hatten. Wenn dann auch noch Streikausfälle hinzukämen, drohten Insolvenzen. Beckschäfer: „Das Ärgerliche ist, dass es die Partikuliere völlig unvorbereitet trifft. Mangels Informationen kann man sich noch nicht einmal darauf einstellen."

In dieselbe Kerbe haut das Binnenschifferforum e.V. Dessen Sprecher Michael Jeske schreibt mir: „Was den Streik der WSV angeht, so schlagen da zwei Herzen in meiner Brust."[12] Einerseits verstehe er, dass die Mitarbeiter der WSV „stinksauer" seien und ihrem Zorn mit einem Streik Luft machen wollen. Er, Jeske, hege schwerste Bedenken gegen die Privatisierung von Hoheitsaufgaben und verurteile die schlechte Verteilungspolitik der Mittel für die Infrastruktur in Deutschland, die die Wasserstraßen seit vielen Jahren sehr benachteiligt habe. Auch sehe er die Auswirkungen, die dadurch bereits jetzt an der Wasserstraßeninfrastruktur entstanden seien. Es sei ein riskantes Spiel, den drittwichtigsten Verkehrsträger, auf den man in den nächsten Jahrzehnten so viele Hoffnungen setzt, so zu vernachlässigen und den Betrieb einfach auf die Zinsen der Leistungen von Generationen vor uns zu stützen. Allerdings, und da steht Jeske nicht allein mit seiner Kritik, sei der Streik „schlecht vorbereitet", viel zu schnell und ohne Gespräche mit denen, deren Solidarität man eigentlich braucht, „einfach mal so" eingerichtet.

Der BDB zeichnet von der Situation ein durch nach wie vor fehlende Transportmengen, unauskömmliche Frachtraten und enorm gestiegene Betriebskosten geprägtes Bild.[13] Zahlreiche Unternehmen seien deshalb bereits in großen finanziellen Schwierigkeiten und würden durch einen Streik zusätzlich erheblich belastet.

Mit absolutem Unverständnis reagiere man auf den Streikaufruf der Gewerkschaft. BDB-Präsident Georg Hötte erklärt: „Die Unzufriedenheit mit der seit knapp zwei Jahren diskutierten Reform der Wasser- und Schifffahrtsverwaltung wird nun auf dem Rücken der verladenden Wirtschaft und der gesamten Logistikbranche, insbesondere aber auf dem Rücken der Unternehmer in der Güter- und Fahrgastschifffahrt, ausgetragen." Zwar gehört die Arbeitsniederlegung auch für den BDB zu den legitimen Formen des Arbeitskampfes in Deutschland. Doch Streiks? Damit schösse Ver.di weit über das Ziel hinaus; Verständnis oder gar Unterstützung dürften die Gewerkschaft und die streikenden Mitarbeiter in der Verwaltung vom Binnenschifffahrtsgewerbe „keinesfalls erwarten".

Die Unternehmer seien massiv verärgert, zumal Ver.di von den Betroffenen erwarte, dass sie sich mit einem Streik solidarisch erklären sollten, der „einzelne Unternehmer in der Partikulierschifffahrt in ihrer Existenz bedroht!", so der BDB-Präsident weiter. Hötte: „Wir richten den dringenden Appell an Ver.di und an die Mitarbeiter in der Verwaltung, diesen Streik abzusagen."

Von Lkw-Fahrern und Partikulieren

Schon die Verwendung des Begriffes „Unternehmer" aus diesem Munde entbehrt nicht einer gewissen Chuzpe. Hier soll Solidarität und Mitverwantwortung vorgetäuscht werden, an deren Stelle längst knallhartes Geschäftsgebahren getreten ist, das da lautet: Fährst du nicht zu meinen Frachtraten, fährt ein anderer zu ihnen.

Was in den letzten Monaten und Jahren von Seiten der Arbeitgeber, aus welchen Gründen, sie mögen begründet sein oder nicht, auch immer, in zunehmendem Maße aufgeboten wird, um sich ihrer Verantwortung für ihre Mitarbeiter zu entledigen oder sie zumindest einzuschränken, hat mit der Arbeitswelt einer sozialen Marktwirtschaft allenfalls auf dem Papier zu tun. Es ist die gleiche Privatisierungsstrategie, die aus versicherungspflichtig angestellten Mitarbeitern scheinbar selbständige Unternehmer machen will.

Diese Entwicklung wird gemeinhin unter dem Begriff „prekäre Arbeitsverhältnisse" erfasst, wie ich sie in meinen Beiträgen als Autor für die Publikation „Betriebsrat" des WEKA-Verlages, Kissing, beschreibe.[14] Dazu gehören neben befristeter Beschäftigung wie zum Beispiel als Praktikant, geringfügige Beschäftigung („Minijobs") und Arbeit auf Abruf auch angebliche Selbständigkeit oder Scheinselbständigkeit. Sie nehmen immer mehr zu. Das herkömmliche frühere Normalarbeitsverhältnis als ein auf Dauer angelegtes Arbeitsverhältnis in Vollzeit ist auf dem Rückzug. Lkw-Fahrer sehen sich plötzlich als selbstherrliche Transportunternehmer. Eigentlich dazu da, die verkehrstüchtige Beschaffenheit ihres Lkw, den Verkehr, den Transport und die pünktliche An- und Ablieferung von Waren usw. zu gewährleisten, sollen sie nun Bücher führen, für sich Reklame machen, Kunden suchen, werben etc.

Der Wahnsinn hat Methode. Er zieht sich durch fast alle Berufe hindurch, vom Industriearbeiter, der mit Werkverträgen abgespeist wird, bis hin zu den einstigen Schiffsführern. Warum, sagte sich irgendwann ein am Tellerrand seines Tagesgeschäftes sich quälender Reeder der Binnenschifffahrt, muss ich einen teuren Schiffsführer allein bezahlen? Lassen wir ihn doch auch für andere Reedereien arbeiten. Und wenn er mir zu teuer wird, dann schaue ich mich auf dem Markt nach einem anderen um.

Das Modell des Partikuliers arbeitet ihm zu. Der hat im Grunde keine Wahl. Partikulier oder untergehen. Das war die Alternative, vor die sich viele Schiffsführer von ihren Reedereien gestellt sahen. Dass sie dann auch als Partikulier dereinst untergehen würden, wurde nicht bedacht. Die Romantik oder die Aussicht, eventuell für mehrere Dienstherren tätig zu werden und dadurch sogar mehr zu werden als in einer Festanstellung für einen, tut ein Übriges, den verhängnisvollen Gang in die angebliche Selbständigkeit anzutreten.

Diese Sparmodelle, das Beispiel Bahn zeigt es, findet auch der Staat passend, um seine Geldprobleme auf Schwächere abzuwälzen und für seine Privatisierungsstrategie Dumme zu finden. Man braucht auch hier wieder keine Verschwörungstheorien zu bemühen, wenn man sich vor Augen hält, dass das ganze Gerede von Geldknappheit, Kategorisierung der Wasserstraßen oder Anpassung der angeblich überalterten, in Wirklichkeit hochkompetent und hervorragende Dienste leistenden Wasser- und Schifffahrtsverwaltung letztlich nur einem Zweck dient: Zerschlagung des Erfolgsmodells WSV zum Zwecke der Privatisierung, sprich der Verhökerung an die nationalen und internationalen

Heuschrecken-Unternehmen, nachdem den kleinen Privatunternehmern das Geld ausgegangen sein wird.

Binnenreeder: Zwischen Reform und Privatisierung

Georg Höttes harsche Absage an die WSV-Mitarbeiter könnte indes einen nicht unwichtigen Hintergrund haben. Hötte ist im Hauptberuf Geschäftsführer der multimodal aufgestellten Duisburger Reederei Rhenus PartnerShip. Die Reeder müssen bei der Vergabe von Frachtaufträgen mit jedem Cent rechnen.

Von multimodal aufgestellten Reedereien wie Rhenus kann so mancher Partikulier ein Lied singen, der im Verhandlungsgespräch um die Rate für eine Fracht sich schon mal das Argument anhören musste, wenn er nicht auf diesen oder jenen Reedereivorschlag eingehe, sähe man sich gezwungen, die betreffende Fracht anderweitig zu vergeben, und sei es auf dem Straßen- oder Schienenwege. Hötte erst unlängst wieder in der Zeitschrift „Binnenschifffahrt"[15]: „Uns treffen die niedrigen Frachtraten genauso wie jeden Partikulier", gibt sich der Konzernchef kollegial, „aber wenn wir zu dem angebotenen Preis nicht fahren, tun es andere sofort."

Mit dem Unterschied, dass ein Konzern wie Rhenus „im Konzernverbund die mitunter schmerzhaften Einbußen eher durchhalten kann als ein Einzelunternehmer", wie Hötte sogar unumwunden zugibt. Will heißen, was Hötte aber selbstverständlich so nie sagen würde: „... tun es unsere Lkw-Fahrer sofort." Denn die stehen bei Hötte offenbar hoch im Kurs.

In demselben Bericht sang er das Hohe Lied auf den Lkw und zog damit den Unmut vieler Binnenschifferkollegen auf sich. Man habe bei Rhenus alles durchgerechnet, „Bananen von Antwerpen an den Niederrhein zu verschiffen und vor der Auslieferung in eigenen Reifehäusern zu lagern". Ergebnis laut Hötte: „Der Lkw ist nicht zu schlagen." Ausgerechnet Bananen, und das vom amtierenden BDB-Präsidenten! Aber wenn man, im Gegensatz zu Mitbewerbern wie dem südafrikanischen Logistikkonzern Imperial mit seiner deutschen Tochter

Imperial Shipping GmbH, kaum mehr als Kohlen, Metall, Baustoffen, Korn, Viehfutter, Dünger und Abfall zu transportieren gelernt hat – wen wundert's, wenn von einem solchen Verbandsfunktionär wenig Solidarität mit den Garanten funktionierender Wasserstraßen gegen die Zerstörung ihrer Verwaltung kommt? Imperial Shipping ist auf allen Flusssystemen der Welt tätig mit allen denkbaren, vor allem auch innovativen Wassertransportgütern wie Bananen.

Man schösse gewiss über das Ziel hinaus, wenn man aufgrund von Äußerungen selbst des Präsidenten eines Verbandes gleich alle seine Mitglieder unter Generalverdacht stellte. Auch im BDB dürften etliche sein, die einen vernünftigen Umgang mit allen Marktpartnern einschließlich der Partiuliere, Arbeitnehmer sowie streikenden Mitarbeiter der WSV und der Gewerkschaft einer Konfrontation vorzögen. Nur melden die sich nicht so laut zu Wort, wie ein Präsident es kann.

Es bleibt das Bild in der Öffentlichkeit von einer in Unbeweglichkeit der Gedanken erstarrten Binnenreedervereinigung. Sie war im Grunde seit langem für eine Reform der Wasser- und Schifffahrtsverwaltung und bei weitem nicht immer so dezidiert dagegen, wie sie sich seit kurzem erst den Anschein zu geben bemüht.

Ein besonders eklatantes Beispiel dafür, was geschehen kann, wenn man sich gegen die offizielle Parteilinie stellt, wurde mir geboten, als ich als Chefredakteur der „Binnenschifffahrt" im Frühjahr 2010 zusammen mit der Spitze des Verlages vom BDB-Vorstand in dessen Zentrale nach Duisburg zum Rapport einbestellt wurde. Vorausgegangen war ein Bericht in der „WirtschaftsWoche"[16].

Darin hatte der damalige Verkehrsexperte der FDP, der heutige Generalsekretär der Partei Patrick Döring, vehement gegen die Binnenschifffahrt gewettert und für eine Privatisierung der Wasser- und Schifffahrtsverwaltung getrommelt. Den Artikel hatte ich in der „Binnenschifffahrt" zu kritisieren gewagt, allerdings ohne mich als Autor kenntlich zu machen.[17] Daraus wurde mir ein Vorwurf gemacht. Das war aber nur der vordergründige Anlass für die Einbestellung nach Duisburg.

In Wirklichkeit ging es darum, dass ich mit meiner Kritik ins politische Räderwerk gefasst hatte, welches gerade sorgfältig auf politischer Lobby-Ebene in Berlin, wie sich nun zeigte, offenbar nicht ohne tatkräftiges Zutun des Verbandes ins Werk gesetzt werden sollte, um die Zerschlagung der WSV vorzubereiten. Mit Hilfe von Mainstream-Medien wie „WirtschaftsWoche" oder „Handelsblatt" und der politischen Agitation von Opposition und Freien Demokraten sollte die Öffentlichkeit weichgekocht werden.

In dem etwa anderthalbstündigen Duisburger Tribunal wurde man deutlich. Ich erinnere mich noch genau. Hötte saß mir diametral gegenüber. Ich hätte der Politik der Verbände nachhaltigen Schaden zugefügt. Hötte quer über den Tisch zu mir: „Die Kritik Dörings an der WSV ist in allen Punkten gerechtfertigt. Die WSV in ihrer heutigen Form muss zerschlagen und privatisiert werden."

Und ein anderer Verbandsvorständler: „Wir meinen es gut mit Ihnen. Lassen Sie so etwas künftig bleiben! Sie sind eben gerade an einer persönlichen Katastrophe vorbeigeschrammt." Wo aber waren die Ansatzpunkte für mich, in dieses Räderwerk zu fassen und damit womöglich meine Position an der Spitze des wichtigsten Fachmediums in der europäischen Binnenschifffahrt, der Zeitschrift „Binnenschifffahrt", zu riskieren?

Döring, geboren am 6. Mai 1973 in Stade, studierter Wirtschaftswissenschaftler mit Karrierestationen unter anderem in einer Haustier-Krankenversicherungsgesellschaft, im Bundestagsausschuss für Verkehr und dort im Unterausschuss für Eisenbahn, einem Konkurrenzverkehrsträger zur Wasserstraße, lässt sich in dem Zeitschriftenbeitrag als Kronzeuge für die Abschaffung der WSV zitieren, eine „Verwaltung wie zu Kaisers Zeiten", wie er sich „geärgert" habe.

Ein Ärger, den das Blatt mit dem Hinweis darauf erklärt, dass „viele WSV-Ämter stolz ihre historischen Wurzeln bis zum Wiener Kongress" dokumentierten und Residenzen wie das Schifffahrtsamt Magdeburg – O-Ton „Wirtschaftswoche": „eine 1842 errichtete preußische Zitadelle" – „von langer Tradition und gehörigem Statusbewusstsein" zeugten. Die Polemik mit Kaiser Wilhelm und dem Wiener Kongress ist geschenkt. Vollkommen nach hinten aber ging Dörings Schuss da los, wo er meint, der Wasser- und Schifffahrtsverwaltung am Zeuge flicken zu können, weil sie in einem alten Gebäude des Militärstaates Preußen residiere. Im Sinne der politisch korrekten Maxime eines „Waffen zu Pflugscharen" sollte man annehmen, dass dies Döring im Gegenteil eher zur Freude gereichen müsste. Stattdessen fährt der Zeitungsbericht mit seiner überwiegend sachfernen, weil offenkundig parteipolitisch motivierten Agitation gegen die WSV des Bundes fort. Die Aufgaben müssten nach außen gegeben, die Behörde lieber früher als später privatisiert werden.

Schon der Personalabbau von 1993 um damals sage und schreibe viereinhalbtausend Mitarbeiter ist den liberalen Kritikern nicht genug. Zwar hielt der Artikel damals noch mit Zahlen hinterm Berg, wie groß der Aderlass an Personal nach deren Ansicht obendrein sein müsste. Aber Aussagen, die Döring in engem Schulterschluss mit seinem Bundestagskollegen von den Grünen, Anton Hofreiter, zum Bedarf an Binnenwasserstraßen überhaupt machte, ließen Schlimmes befürchten. Die Zielrichtung von Gelb-Grün war klar:

- Zurückstufung oder Renaturierung der Binnenwasserstraßen,
- Abschaffung des dritten Verkehrsträgers überhaupt, oder
- wenigstens eine Umgestaltung der personellen Infrastruktur, Prinzip Akademiker statt Arbeiter.

Dass dabei ein Bedarf an sechshundert Ingenieuren durchaus gesehen wurde, lag auf Linie des „WirtschaftsWoche"-Artikels. Der meinte mit Ingenieuren allerdings nicht Wasserbauingenieure, sondern Diplom-Betriebswirte wie Döring; denn Bauaufträge sollen die Ämter möglichst durchgehend nach außen vergeben. Zur Untermauerung solcher Gedankenspiele wurden branchenferne Scheinexperten zitiert, die daraus Milliardeneinsparungen für den Etat von Verkehrsminister Ramsauer konstruierten. Nichts darüber, dass es überhaupt keine privaten Anbieter von Dienstleistungen zur Wartung von Schleusen oder Schiffshebewerken, zur Beaufsichtigung von Sicherheitstechniken etc. gibt und auch nicht gab, als Döring in dem Zeitungsartikel vom

Leder zog bzw. ziehen ließ. Nichts auch dazu, dass über lange Jahre gewachsenes Anlagen-Know-how ohne Not und mutwillig dem Vergessen preisgegeben würde. Nichts im Übrigen zu der Gefahr, dass ein Eindampfen des Personalstammes zu unübersehbaren Folgen für die Sicherheit von Binnenschifffahrt, Wasserbau und Naturschutz sowie letztlich auch der Bevölkerung führen würde. Schließlich wurde auch verschwiegen, dass ein Aus für den Verkehrsträger Binnenschifffahrt auch den gänzlichen Einstieg in den Naturschutz-Super-GAU Lkw bedeuten würde, sofern der überhaupt noch Aufnahmekapazitäten hätte.

Nicht das einzige Mal, dass die FDP gegen die Binnenschifffahrt Front macht. In Bayern hilft sie, den Bau einer Stützschwelle von wenigen Zentimetern zu verhindern, die eine durchgängige Binnenschifffahrt auf der Donau ermöglichen würde. Als Döring sich auf dem Parlamentarischen Abend des BDB vor Weihnachten 2009 dazu kritischen Fragen stellen sollte, verließ er kurzerhand das Podium.

Kurz zuvor hatte sein damaliger Parteichef Guido Westerwelle die Marschrichtung vorgegeben, als er in einem Vier-Augen-Gespräch noch im Herbst 2009 – kurz vorher hatte er sein Amt als Außenminister angetreten – seinem belgischen Amtskollegen der deutschen Unterstützung für den „Eisernen Rhein" versichert hatte, der Eisenbahnverbindung zwischen den ARA-Häfen und dem Ruhrgebiet.

Nach Ansicht von Fachleuten stellt dies auf diesem Abschnitt der Transversale Schwarzes-Meer-Nordsee eine total überflüssige zusätzliche Bahnkonkurrenz zum Rhein dar, da die Überlastung der bestehenden Bahn- und Autobahnverbindungen und damit unter anderem auch von vielen wichtigen Rheinbrücken dort durch eine konsequente Verlagerung von dafür geeigneten Gütertransporten auf den Fluss nachhaltig gemindert wenn nicht gar ganz beendet würde – „schnell, leicht und problemlos", wie es ein Partikulier mir gegenüber formulierte. Die vom BDB seinerzeit mit Spannung erwartete Umsetzung der Restrukturierungsvorhaben bei der WSV ließ dann noch drei Jahre auf sich warten. Zeit genug auch für die Verbände, dazu zu lernen, umzudenken und sich neu aufzustellen. Nach außen polternd, nach innen windelweich spricht sich der BDB ein Jahr später ab März 2011 gegen die Reform aus. Einen kurzen Absatz nur verwendet der BDB in einer Pressemitteilung[18] damals auf die Reform der WSV. Er kritisiert auch damals weniger den Kernpunkt der Reform, die damals noch rund 13.000 Mitarbeiter betraf, „die Umwandlung der Behörde", so der BDB in der Mitteilung, „von einer Durchführungsverwaltung in eine Gewährleistungsverwaltung, d.h. eine Aufgabenerledigung durch Dritte" – und das heißt auf gut Deutsch: Privatisierung.

Was wie die SPD auch den Reedereiverband seinerzeit mehr umtrieb, war der Umstand, dass das Ministerium nicht schon „hierfür konkret nachvollziehbare Umsetzungsschritte" präsentiert habe, sowie die vom Ministerium ins Auge gefasste Einteilung in Güterverkehrsklassen, das heißt Priorisierung bei den bundesdeutschen Flüssen und Kanälen in eine neue Netzstruktur. Mit anderen Worten: Dem BDB ging es schon damals nicht schnell genug mit der WSV-Privatisierung.

Und selbst gegen die Priorisierung erhebt der BDB keine grundsätzlichen Einwände, sondern nur die dem Konzept zugrunde liegenden pauschalen Annahmen sowie das Überspringen des parlamentarischen Prozesses mit dem Schaffen von Fakten. Wieder ein Jahr später nimmt sich der BDB in seinen offiziellen Verlautbarungen der WSV-Reform an. In einer Pressemitteilung vom Sommer 2012 wird ihrer zwar Erwähnung getan, jedoch nur, um sich selber auf eine vornehme Beobachterposition zurückzunehmen.

Man verfolge alles mit „großem Interesse". Eine abschließende Bewertung nehme man jedoch nicht vor. Es sei „nicht die Aufgabe des BDB, über Strukturreformen innerhalb der Verwaltung zu urteilen". Das Konzept der Neugliederung erscheine aber im Hinblick auf eine Bündelung der Kräfte und weitere Synergieeffekte, etwa bei der zukünftigen Vergabe von Aufträgen, nicht *per se* unschlüssig.

WSV und Kategorisierung: Explosive Gemengelage

Die Reform der WSV ist zwar seit Mai 2013 in Kraft, seither hat sich aber noch kaum etwas bei ihrer tatsächlichen Umsetzung getan.

Die immerhin im Internet-Programm der WSV schon angekündigte GDWS existiert ansonsten bislang nur auf dem Papier. Die in Flensburg erscheinende „Schleswig-Holsteinische Zeitung" schlagzeilt: „Ramsauers Briefkastenfirma GDWS".

Das dürfte allerdings wenig an dem Endziel ändern, der Zerschlagung der WSV. Warum aber soll sie überhaupt zerschlagen werden? Und: Sollte sie nicht vielleicht gar zu Recht zerschlagen werden, einfach weil sie möglicherweise nicht funktioniert oder weil sie eine Marktmacht in nicht mit dem Wettbewerb kompatibler Größe ausübt?

Man kennt das von anderen Beispielen, etwa dass ein übermächtiger Wirtschaftskonzern wie seinerzeit Nelson Rockefellers Erdölkonzern Standard Oil[19] in den USA zwecks Erhalt des Wettbewerbs und Aufteilung des Marktkuchens unter potentiellen oder tatsächlichen Konkurrenten zerschlagen wurde.

Um hier etwas Klarheit zu schaffen, ist es nötig, dass wir uns den Fragen zuwenden: Was ist die WSV-Reform? Welche möglichen Konkurrenten hat oder hätte die WSV, für die ein Wettbewerb in diesem Markt erhalten oder ermöglicht werden müsste? Was soll sie bewirken und was bedeutet sie für die Volkswirtschaft, für die Binnenschifffahrt, für die transportierenden und für die verladenden Unternehmen und nicht zuletzt die Mitarbeiter der Verwaltung und in den betreffenden Ministerien und deren Untergliederungen?

Mit dem „Errichtungserlass zur Gründung der Generaldirektion Wasserstraßen und Schifffahrt (GDWS)" wurde diese durch Michael Odenwald, Staatssekretär im BMVBS, am 19. April 2013 als neue Mittelbehörde im Geschäftsbereich seines Ministeriums gegründet.[20] Dies stellt den vorläufigen Schlusspunkt in der seit Anfang des Jahres 2011 laufenden Reformvorbereitung der WSV dar. Die Aufgaben und Zuständigkeiten der bisherigen Wasser- und Schifffahrtsdirektion sind in die GDWS überführt. Teile der bisher vom Ministerium wahrgenommenen Aufgaben werden ebenfalls seit Mai 2013 von der neuen Behörde wahrgenommen. Die bisherigen WSDen werden künftig von Dienststellenleitern geführt und bleiben zunächst als rechtlich unselbständige Außenstellen der GDWS erhalten. Die GDWS hat die Abteilungen Zentrale Aufgaben, Schifffahrt, Wasserstraßen, Recht und Planfeststellung, Umwelt, Technik und Wassertourismus.

Man kann die Ausmaße der WSV-Reform nicht annähernd erfassen, wenn man nicht auch die Priorisierung oder Kategorisierung der Wasserstraßen in die Betrachtung einbezieht – eine höchst explosive Gemengelage, wie sich schon bald zeigen sollte. Tatsächlich hatte Bundesverkehrsminister Peter Ramsauer zunächst einen Anlauf zur Priorisierung der Wasserstraßen genommen. Als der 2011 am Widerstand vor allem im Haushaltsausschuss des Bundestages gescheitert war, legte er mit einem neuen Entwurf zur Kategorisierung der Wasserstraßen auch einen neuen zum Abbau der Wasser- und Schifffahrtsverwaltung vor. Auf diesen Entwurf gründet die letztlich erfolgte Umstrukturierung ab Mai 2013.

Dieses Konzept baut auf einem Gutachten des Beratungsunternehmens Railistics auf.[21] Darin war auf Grundlage der auf bestimmten Wasserstraßenrelationen transportierten Gütermenge und der Wertschöpfung bestimmter Wirtschaftsregionen mit einer Hafeninfrastruktur sowie den Wasserstraßen der TEN-V-Richtlinie der EU das Wasserstraßennetz in ein Kernnetz, ein ergänzendes Kernnetz und ein Netz sonstiger Wasserstraßen eingeteilt worden – eine Grundlage, die von vornherein mit zwei wesentlichen Geburtsfehlern behaftet war: Zum einen bezog sie sich fast ausschließlich auf die Bedeutung einer Wasserstraße für die Seehafenhinterland; zum anderen schloss sie nur die bisherige wirtschaftliche Nutzung als wesentliches Priorisierungsmerkmal ein. Hätten die preußischen Väter des nordwestdeutschen Kanalnetzes vor 150 Jahren ebenso geplant, gäbe es heute kein solches, Rhein und Elbe wären wahrscheinlich heute einer beschaulichen Versandung à la Loire anheimgefallen.

Für den Ausbau der Infrastruktur wurden diese oberen drei Kategorien nochmals unterteilt in die Kategorien A, B und C, „damit sich niemand abgewertet fühlen soll, wie es früher mit Begriffen wie Randnetz hier oder da der Fall gewesen ist", so Ramsauer auf einer Mitgliederversammlung des BDB 2012.

Ausschließlich in der höchsten Kategorie A mit Rhein, weiten Teilen des westdeutschen Kanalsystems, Mosel, Main und Main-Donau-Kanal, Elbe-Seitenkanal und Mittellandkanal nach Osten bis Magdeburg sollen im Rahmen der mittelfristigen Finanzplanung neben Ersatz-Investitionen und der qualifizierten Beendigung bereits laufender Maßnahmen Ausbauinvestitionen für größere Fahrzeuge vorgenommen werden.

In der Kategorie B mit Weser, Neckar, Elbe-Havel-Kanal und Nordstrecke Dortmund-Ems-Kanal erfolgen notwendige Ersatzinvestitionen unter Beachtung der Ausbauparameter der Kategorie A sowie Optimierungsmaßnahmen wie Vertiefungen und geringfügige Verbreiterungen. Wasserstraßen der Kategorie C mit Elbe-Lübeck-Kanal, Teile des Wasserstraßennetzes östlich Magdeburg sowie die sonstigen Wasserstraßen werden nicht weiter ausgebaut, sollen aber in ihrem Bestand erhalten werden. Wasserstraßen mit laufenden Gutachten und Bildung von Gesamtkonzepten wie Donau, Elbe und Saale-Seitenkanal wurden vorerst noch nicht kategorisiert. Ursprünglich sollten auch der Küstenkanal zwischen Oldenburg und dem Emsland sowie Stichkanäle nach Osnabrück und Hildesheim unter Kategorie C fallen und damit dem früheren oder späteren Verfall überlassen bleiben.

Das konnte jedoch in letzter Minute verhindert werden *(s. Seite 74)*. Die Kategorisierung soll eine Konzentration von Ressourcen für Betrieb und Unterhaltung an Wasserstraßen mit hoher Transportfunktion bewirken. Die Netzkategorisierung soll regelmäßig alle fünf Jahre überprüft werden.

Von der Reform der WSV verspricht sich der Minister eine Verringerung des Personalbestandes von derzeit rund 12.500 auf künftig rund 10.000 Planstellen. Dieses Ziel könnte sich noch als Falle für die Gewerkschaft erweisen. Sie warnt fortlaufend davor, dass ein Viertel der rund 12.000 Arbeitsplätze beim Behördenumbau abgebaut zu werden „drohe". Dies droht jedoch allein schon aufgrund der Altersfluktuation, so dass nach Schätzung von Experten es im Rahmen der Reform sogar noch zu Neueinstellungen kommen wird, um die geplante Abbauzahl nicht zu überschreiten. Die darf laut Planung nicht über-

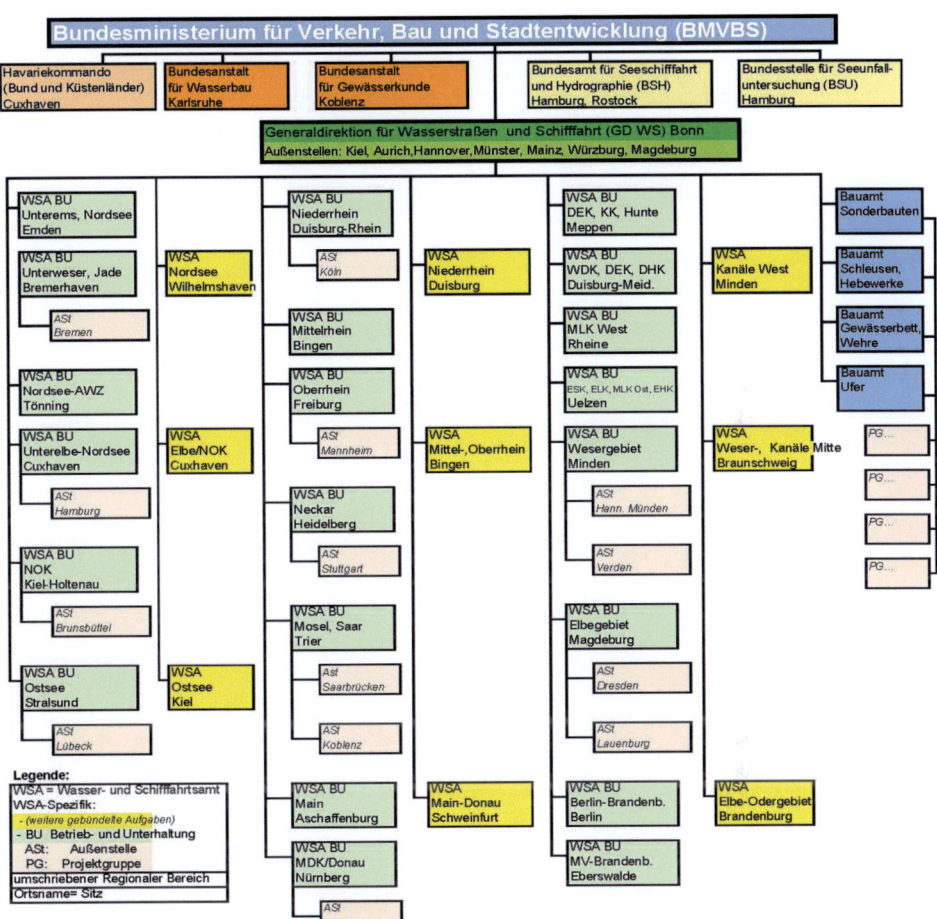

Abb. 1: Organigramm der seit Mai 2013 offiziellen WSV-Struktur, Stand 2012

schritten werden, um das Sollminimum an Ausbau- und Wartungsarbeiten erfüllen zu können.

Im Einzelnen werden hierbei die ober- und mittelbehördlichen Aufgaben bei der GDWS als bundesweit zentral gelegenem Standort mit dem heutigen Sitz der Fachkräfte aus dem BMVBS und der Nähe zu

34 Kapitel 2 – ZERSCHLAGUNG EINES ERFOLGSMODELLS

Abb. 2: Die Kategorisierung: ESK, MLK, Main-MDK Daumen hoch – Weser, DEK, Saar, Havel-Oder-Wasserstraße, oberer Neckar und Elbe-Lübeck-Kanal Daumen runter – Elbe-Saale und Donau auf der Kippe. Küstenkanal und MLK-Stichkanäle wurden von C hochgestuft.

weiteren Wasser- und Schifffahrtsdirektionen zusammengeführt. Das BMVBS soll sich künftig auf die Rechts- und Fachaufsicht über die zentrale Stelle beschränken.

Die Wasser- und Schifffahrtsämter (WSÄ) gliedern sich in drei verschiedene Aufgabenbereiche, zwanzig Ämter für die Infrastruktur (WSÄ BU), neun mit revierbezogenen Aufgaben jeweils für ein verkehrliches Einzugsgebiet (z.b. Rheingebiet, Main-Donau-Verbindung, westdeutsches Kanalnetz) und Ämter mit Investitionsaufgaben. Hierzu gehören die zu vier Kompetenzzentren gebündelten Neubauämter. Für den Ausbau bestimmter Streckenrelationen richten sie vor Ort Projektgruppen ein. Investitionsmaßnahmen im Bereich der Seewasserstraßen und der seewärtigen Hafenzufahrten werden wegen des engen Revier- und Aufgabenbezugs in die WSÄ BU integriert. Für besondere Maßnahmen wie den Neubau der fünften Schleuse in Brunsbüttel werden vor Ort Projektgruppen eingerichtet.

Das Erfolgsmodell WSV

WSV ist gelebter Hochwasserschutz

Die Nachricht sorgte für Erleichterung.[22] Seit acht Uhr war am Mittwoch, 25. Januar 2012, wieder freie Fahrt für die Neckarschifffahrt in allen Stauhaltungen zwischen Mannheim und Heilbronn. Dort waren rund fünfzig Frachtschiffe seit dem vorangegangenen Freitag durch die Hochwasserwelle ausgebremst worden. Schon seit Dienstag hatten die Außenbezirke des Wasser- und Schifffahrtsamtes (WSA) Heidelberg mit ihren Aufsichtsbooten die Stauhaltungen kontrolliert, um bei Unterschreitung des höchsten schiffbaren Wasserstandes (HSW) die Schifffahrt schnell wieder frei geben zu können.

Nach einem Hochwasser müssen die Mitarbeiter des Außenbezirkes Heidelberg mit ihren Aufsichtsbooten die Neckarsohle auf Anlandungen absuchen. „Der Fluss bringt ungemein viel Sediment und Geschiebe mit sich", erklärt der zuständige Leiter, Horst Hupe. Dadurch könnten Untiefen für die Schifffahrt entstehen. Hupe: „Erst wenn wir hier sicher gehen können, dass keine Gefährdung für die Schifffahrt besteht, geben wir grünes Licht." Neben der Peilung der Schifffahrtsfahrrinne erfolge auch eine Kontrolle, ob die Fahrrinnentonnen noch auf der richtigen Position liegen oder ob diese durch die Strömung abgerissen wurden.

Durch die Hochwasserwelle wurden am Freitag etwa 20 Frachtschiffe auf der Strecke zwischen Mannheim und Heilbronn gestoppt. Allein an der Eingangsschleuse in Feudenheim waren seit Freitag 32 Schiffe aus dem Rhein angekommen, von denen 15 mit Kohle für das Kraftwerk in Heilbronn-Neckargartach beladen waren, zehn, die Kies für die Bauindustrie transportierten, und weitere sieben mit Futtermittel, das im Hafen Heilbronn umgeschlagen wird. Die Wasser- und Schifffahrtsämter Heidelberg und Stuttgart betreiben und unterhalten am zum Bereich der Wasser- und Schifffahrtsdirektion (WSD) Südwest in Mainz gehörenden Neckar zwischen Mannheim und Plochingen 27 Staustufen mit einem Anlagevermögen von rund 2,5 Milliarden Euro.

Die Bereitstellung der Infrastrukturkomponente Wasserstraße leistet, so der stellvertretende Präsident der WSD Südwest, Jens Stenglein, für die Wirtschaft in Baden-Württemberg einen bedeutenden Beitrag und sichert somit Arbeitsmöglichkeiten und -plätze. Im Einzugsbereich des Neckars mit Häfen in Heilbronn, Stuttgart und Plochingen leben etwa ein Fünftel der Einwohner Baden-Württembergs, rund 30 Prozent des Bruttoinlandproduktes werden in diesem Raum erwirtschaftet.

Die Wasser- und Schifffahrtsverwaltung des Bundes will der Erhaltung der Betriebsanlagen besondere Aufmerksamkeit widmen und die Grundinstandsetzungen von Schleusen und Wehren voranbringen. Dabei gilt, so Stenglein, das besondere Augenmerk dem schonenden Umgang mit dem Naturraum Neckar, der „für die Region und die Kulturlandschaft von unschätzbarem Wert ist".

Das System Schiff-Wasserstraße erweist sich dabei immer mehr als ein Transportweg, der für Lebensraum, Naherholung, Freizeit und Gewinnung von CO_2-neutraler Energie durch Wasserkraftwerke steht. Hochwasserschutz, Hochwassermanagement und Binnenschifffahrt seien vereinbar, erklärte Stenglein; denn die staugeregelten Flüsse als Bundeswasserstraßen wie beispielsweise die Mosel seien bereits so ausgebaut, dass es dort bei Hochwasser einen quasi frei fließenden Zustand gibt. Schifffahrt sei aber bei Hochwasser schlicht nicht mehr möglich, daran ließe sich auch durch weitere Hochwasserschutzmaßnahmen nichts ändern.

Dafür führt Stenglein eine Reihe von Gründen an. Zu Berg könne man beispielsweise nicht mehr fahren, weil bei Hochwasser die Strömungsgeschwindigkeit zu hoch sei, so dass die Schiffe gar nicht mehr dagegen ankommen könnten. Ein anderes Problem seien die Schleusen. Sie könnten nicht mehr passiert werden, auch wenn es in der Vergangenheit schon Fälle gegeben haben soll, wo gefordert wurde, Schiffe einfach über das Wehr fahren zu lassen.

Ein drittes Problem stelle die Brückendurchfahrtshöhe dar. Ruderhaus, hohe Containerbeladung in mehreren Lagen etc. machen es erforderlich, dass die Wasser- und Schifffahrtsverwaltung mit einem höchsten schiffbaren Wasserstand operiere.

Bei diesem Wasserstand rede man von einem Hochwasser, aber noch nicht von einem Hochwasser in einem katastrophalen Ausmaß, wo Überschwemmungen zu befürchten wären. Es gibt eine Vorstufe dazu, am Rhein die Hochwassermarke 1, bei der die Schifffahrt angehalten ist, nicht schneller als 20 Kilometer pro Stunde zu fahren, um einen hohen Wellenschlag zu vermeiden, und sich möglichst in der Mitte des Fahrwassers aufzuhalten. Das ist für die Schifffahrt kein Problem und irgendwelche Hochwasserschutzmaßnahmen würden dadurch auch nicht behindert.

Wie sehr Binnenschifffahrt und Hochwasserschutz mittlerweile miteinander verzahnt sind und weiterhin werden, zeigt ein Beispiel in Niedersachsen, ein Beispiel für die Nutzung von Wasserstraßen zum Hochwasserschutz und die hervorragende Rolle, die hier wieder die Wasser- und Schifffahrtsverwaltung des Bundes spielt.

Dort arbeiten die Wasser- und Schifffahrtsdirektion (WSD) Mitte in Hannover, das niedersächsische Ministerium für Umwelt und Klimaschutz und die Stadt Wolfsburg bei der „Neuordnung des Hochwasserregimes in der Osthaltung des Mittellandkanals (MLK)" aufs Engste zusammen. Seit Inkrafttreten des Abkommens 2011 haben das Land Niedersachsen und die Stadt Wolfsburg das Recht, größere Hochwassermengen als bisher in den MLK einzuleiten. Problemfeld war hierbei der Ausbau des Mittellandkanals zwischen der Schleuse Sülfeld bei Wolfsburg und der Elbe, wofür Niedersachsen und Wolfsburg eine Neuordnung des Hochwasserschutzes anstrebten.

Dabei sollen mittlere Hochwasser möglichst in Rückhalteräumen an der Aller gehalten und ihr zeitlich versetzt wieder zugeführt werden. Extreme Hochwasserspitzen, die die Aufnahmemöglichkeiten an der Aller überschreiten, sollen zur Vermeidung von Hochwasserschäden in einem größeren Umfang als bisher in den MLK eingeleitet werden. Zur Umsetzung der Planungen des Landes Niedersachsen und der Stadt Wolfsburg musste in Abstimmung mit der WSV die Leistungsfähigkeit einzelner Anlagen zur Einleitung von Hochwasser in den MLK weiter erhöht werden, um sowohl die Sicherheit der Schifffahrt als auch der Kanalstrecke zu gewährleisten.

Mit den Ausbaumaßnahmen im niedersächsischen Abschnitt des Mittellandkanals östlich der Schleuse Sülfeld und an der Mühlenriede wurden verbesserte Einleitungsanlagen geschaffen. Lediglich die zusätzliche Einleitungsanlage am noch zu errichtenden Allerdüker wird von der WSV in den nächsten Jahren gebaut werden.

Jahrhundertbauwerk Elbeu

Als ein Paradebeispiel für die Leistungskraft der WSV der jüngsten Vergangenheit gilt die Umsetzung des Verkehrsprojekts 17 Deutsche Einheit im Bereich des Mittellandkanals zwischen der Schleuse Sülfeld bei Wolfsburg und dem Wasserstraßenkreuz Magdeburg durch das eigens zu diesem Zweck 1992 gegründete Wasserstraßen-Neubauamt (WNA) Helmstedt[23].

Es hatte in der Zeit nach der Wiedervereinigung die anspruchsvolle Aufgabe, rund 80 Kilometer Kanalstrecke einschließlich der Anpassung von 50 Brücken und 35 Dükern auszubauen. Sämtliche dafür erforderlichen Planungen wurden von den Beschäftigten selbst oder mit Unterstützung von Ingenieurbüros durchgeführt.

Der Ausbau dieser Wasserstraßenverbindung wird voraussichtlich Ende 2016 abgeschlossen sein. Bislang sind rund 68 Kilometer Kanalstrecke fertig gestellt, acht Kilometer zurzeit in Bau und vier Kilometer in der Planung, davon die beiden größten, der Aller- und der Beberdüker. Ende 2011 ist die letzte der insgesamt 50 Brücken dem Verkehr übergeben worden. Das Brückenbauprogramm ist also komplett abgeschlossen, die Durchfahrtshöhe von 5,25 Meter für den gesamten Bereich der Osthaltung des Mittellandkanals vorhanden.

Mit der Kanalüberführung Elbeu ist das wohl komplexeste und ingenieurtechnisch anspruchsvollste Bauwerk in der Osthaltung zurzeit in Bau. Der Mittellandkanal überquert hier die Hauptstrecke der Deutschen Bahn von Magdeburg nach Stendal. Im Zuge dieser Baumaßnahme wurde zunächst eine einschiffige Kanalbrücke als Ausweiche erstellt. Die alte Kanalüberführung wurde abgebrochen und diese an derselben Stelle als zweischiffige Kanalbrücke wieder neu errichtet. Noch 2013 soll die 42 Meter breite Kanalüberführung und der darunter liegende 162 Meter lange Bahntunnel für die Nutzung freigegeben werden.

Den Beschäftigten des WNA Helmstedt wurden aufgrund der gewonnenen Erfahrungen beim Ausbau des Mittellandkanals weitere zahlreiche Projekte innerhalb, aber auch außerhalb der WSD Mitte übertragen. So plant und baut das WNA Helmstedt die Anpassungsmaßnahmen an den Schleusenkanälen der Mittelweser, den Ausbau des Stichkanals Salzgitter, die Vorhäfen der Schleuse Brandenburg und Ufersicherungen im Bereich der Berliner Wasserstraßen.

Seit Anfang 2009 besteht im WNA Helmstedt die Fachstelle Brücke Mitte (FBM). Hier werden rund 500 Brücken und 17 Überführungen für den Bereich der WSD Mitte gebündelt bearbeitet. Dazu gehören Neubau, Abbruch, Hebungen sowie größere Instandsetzungsarbeiten und die Prüfungen nach DIN 1076. Auch die Stellungnahmen für die Genehmigung von Großraum- und Schwerlasttransporten werden in der Fachstelle erarbeitet.

Das hohe Engagement der Beschäftigten bei der Erfüllung und Umsetzung der anspruchsvollen Aufgaben war Anlass genug, das 20-jährige Bestehen des Amtes 2012 gebührend zu feiern. Zu diesem Jubiläum waren alle Beschäftigten, Ehemalige und Gäste, die einen großen Anteil an der Entwicklung des Amtes hatten, eingeladen.

Nach der Begrüßung durch den Leiter des WNA Helmstedt, Harald Grote, würdigte die Präsidentin der WSD Mitte, Ingelore Hering, in ihrer Grußadresse das Engagement des gesamten Teams. Es bringe seine Kompetenz und sein Fachwissen auch über die Grenzen der WSD Mitte hinaus zum Einsatz. Hubert Kindt, Vizepräsident der WSD Mitte und erster Leiter des Amtes, berichtete über die Schwierigkeiten der Anfangszeit. Schon zur damaligen Zeit seien hier außergewöhnliche

Abb. 3: Osthaltung des Mittellandkanals, hellgrauer Pfeil Brücke Elbeu

Wege eingeschlagen worden, die heute selbstverständlich seien, wie z. B. die Vergaben von Planungsaufgaben an Ingenieurbüros. Damit erfüllt übrigens das WNA wie auch viele andere WNÄ bundesweit schon seit langem ein Ziel der WSV-Reform im Übermaß, die Einbeziehung der Privatwirtschaft.

Die Suche nach neuen innovativen Wegen habe sich seither im Helmstedter Amt nicht geändert. Wittich Schobert, Bürgermeister der Stadt Helmstedt, unterstrich die Bedeutung des Amtes in der Region. Andreas Streichan, erster Personalratsvorsitzender des WNA Helmstedt, brachte die innere Verbindung seiner Kollegen mit ihrem Amt, seinen Aufgaben und mit der Binnenschifffahrt zum Ausdruck.

Undank ist der Welt Lohn

Im April 2012 machte ich mich auf nach Kitzingen am Main. Den Leiter des zuständigen WSA Schweinfurt, Heinrich Schoppmann, hatte ich auf dem Kongress 2011 der Hafentechnischen Gesellschaft e.V. (HTG) in Würzburg kennengelernt. Wir hatten gleich einen Draht zueinander gefunden. Er fragte mich, ob ich nicht einmal Lust hätte, vorort mitzuerleben, wie eine Schleuse instand gesetzt wird. Ich sagte sofort zu.

Das WSA Schweinfurt ist zuständig für Betrieb, Unterhaltung und Instandsetzung sowie die Verwaltung der Bundeswasserstraße Main von Bamberg bis Marktheidenfeld. Das WSA betreut 19 Stauanlagen auf 200 Kilometer Main.

Jetzt war es also so weit. Mit dem ICE von München nach Würzburg war ein Katzensprung, pünktlich wie die Maurer, ohne die von mir bei Bahnfahrten sicherheitshalber eingeplante zusätzliche Stunde in Anspruch nehmen zu müssen, traf ich am Hauptbahnhof in Würzburg ein, Stadt meiner Studentenzeit. Dort wartete der im ICE-Ticket eingeplante Mietwagen auf mich. Zwanzig Minuten später war ich in dem beschaulichen Kitzingen mit seinem schiefen Turm. Von da war es nicht mehr weit und ich traf an der Main-Schleuse Kitzingen ein.

Umfangreiches Krangerät war aufgefahren worden. Wie jedes Jahr im April standen auch 2012 wieder umfangreiche Instandhaltungsmaßnamen an den Schleusen von Main, Main-Donau-Kanal und Donau an[24]. Doch diesmal waren sie besonders aufwendig. Sie waren bei laufendem Schifffahrtsbetrieb nicht möglich. Deswegen musste die durchgehende Schifffahrt von Mitte bis Ende April auf diesem 760 Kilometer langen Abschnitt der transeuropäischen Wasserstraßenverbindung ruhen, nur örtlich konnten Fahrgastschiffe verkehren. Insgesamt eine Punktlandung dank einem ausgeklügelten Instandhaltungsfahrplan mit einer gestaffelten Sperre an der Main-Donau-Wasserstraße.

Im Bereich des WSA Schweinfurt wurden die Schleusen Erlabrunn, Goßmannsdorf, Kitzingen, Gerlachshausen und Ottendorf komplett trockengelegt. Die durchgeführten Instandsetzungsarbeiten umfassten ein breites Spektrum von verschiedenen Gewerken und Arbeiten aus den Bereichen Tiefbau, Stahl- und Stahlwasserbau, Beton- und Massivbau und Maschinenbau. „Alle Arbeiten konnten termingerecht und unfallfrei durchgeführt werden", freute sich Schoppmann über die erfolgreichen Revisionsarbeiten an den Mainschleusen 2012.

Abb. 4: *Lagebesprechung vor Austausch der Tore: Michael Fuchs, Technischer Mitarbeiter Bauhof Würzburg, (li.), Heinrich Schoppmann, Amtsleiter WSA Schweinfurt*

Insbesondere die Main-Schleusen Goßmannsdorf und Kitzingen waren Großbaustellen in der Sperrzeit. Ganz im Zeichen der neuen Transparenz hatte das WSA Schweinfurt die Medien eingeladen, sich von den Arbeiten ein Bild zu machen. Das Amt hatte für rund drei Millionen Euro ein umfangreiches Bau- und Instandhaltungsprogramm an den 50 bis 80 Jahre alten Schleusen beauftragt.

Die Schleusen Ottendorf, Gerlachshausen, Kitzingen, Goßmannsdorf und Erlabrunn wurden ab 11. April trockengelegt, um notwendige, nur im trockenen Zustand mögliche Inspektions- und Instandsetzungsarbeiten an den Schleusen durchzuführen. An den Schleusen Kitzingen und Goßmannsdorf wurden jeweils drei neue Schleusentore, sogenannte Faltwerkstore eingebaut.

Alle Maßnahmen unterlagen einem strengen Terminplan und wurden von Mitarbeitern des WSA Schweinfurt und einer Reihe von Spezialfirmen durchgeführt. Die enge Terminierung war notwendig, um die Binnenschifffahrt als kostengünstigen und umweltfreundlichen Verkehrsträger zeitlich so wenig wie möglich einzuschränken. Auf dem Main oberhalb von Würzburg werden jährlich rund sechs Millionen Gütertonnen mit 10.000 Schiffen transportiert.

Der Termin war daher mit dem Binnenschifffahrtsgewerbe langfristig vorher abgestimmt worden, so dass sich die Binnenschifffahrt und die Häfen rechtzeitig auf die Sperre einstellen konnten. Hier an der Kitzinger Schleuse mussten nun die alten Schleusentore heraus- und die neuen hineingehoben werden. In Millimeterarbeit wurden die neuen Schleusentore vom Autokran in die Halterung an der Schleuse eingepasst.

Den Auftrag für die neuen Schleusentore und die Instandsetzung hatte die Stahlbauabteilung der Nobiskrug GmbH in Rendsburg erhalten. Arbeitsbühnen, Autotransporter und Autokrane stellten unter anderem die Firma Ziegler, Aschaffenburg und Würzburg, und die Firma Gebr. Markewitsch, Nürnberg, Schweinfurt, Würzburg.

Nobiskrug ist eine an der Eider gelegene Schiffswerft in Rendsburg mit über hundertjähriger Tradition im Bau großer Seeschiffe. Die Werft hat sich neben Bau und Reparatur von Schleusentoren auf den Neu- und Umbau von Megayachten ab einer Länge von 60 Metern konzentriert. Zudem ist sie auf die Instandhaltung von Marineschiffen spezialisiert. Seit 2009 gehört das Unternehmen zu dem Schiffbaukonzern Abu Dhabi MAR, Mutterkonzern auch der französischen Werft CMN und der ADM Shipyards in Abu Dhabi.

Die Tore für die Kitzinger Schleuse hatte man zuvor mit dem Lkw über die Autobahn und per Binnenschiff aus Schleswig-Holstein an den Main verbracht. Die Fachleute aus Rendsburg nahmen zusammen mit den Spezialisten von den Autokranfirmen und in engem Schulterschluss mit den Experten des WSA Schweinfurt den Austausch der alten Schleusentore gegen die neuen in der Schleuse Kitzingen vor. Schließlich wurde noch die sicherheitstechnische Überprüfung der jeweiligen Instandhaltungsabschnitte von den WSV-Fachleute des Bauhofes Kitzingen und den Außenbezirken des Amtes vorgenommen.

Abb. 5: Unterhaupt der Schleuse Kitzingen wird trockengelegt.

Die alten Tore hatten 50 Jahre lang zuverlässig ihren Dienst versehen. Jetzt mussten sie ausgetauscht werden. Sie entsprachen in Sachen Betriebsfestigkeit und Korrosionsschutz nicht mehr den heutigen Erfordernissen. Die Schäden an Stahlbau, Dichtungen und Lagern waren zu groß. Eine Instandsetzung war einfach nicht mehr wirtschaftlich. Mit den neuen Toren sei für die nächsten 50 Jahre wieder Sicherheit an den Schleusen gegeben, ließ mich Amtsleiter Schoppmann wissen.

Insgesamt war die Instandhaltungsaktion im April 2012 eine der größten, die die WSV in Deutschland seit ihrem Bestehen durchzuführen hatte, eine in der Fachwelt unbestrittene Meisterleistung, die allein schon durch die schiere Größe ihrer Zahlen beredtes Zeugnis von der Leistungsfähigkeit der WSV ablegt. Für die 62 Instandhaltungsmaßnahmen in den Bezirken der Wasser- und Schifffahrtsämter Aschaffenburg, Schweinfurt, Nürnberg und Regensburg wurden 14,6 Millionen Euro aufgewendet. Von den insgesamt 64 Schleusenkammern mussten 42 gesperrt, 14 trockengelegt werden. An der Großaktion waren insgesamt 24 Wasserfahrzeuge, 65 Autokräne und 390 Mitarbeiter von Fremdfirmen sowie 522 von den beteiligten Wasser- und Schifffahrtsämtern beteiligt.

Nach drei Wochen war der ganze Spuk vorbei, alle Instandhaltungsmaßnahmen fahrplanmäßig durchgeführt. Ab Samstag, den 28. April, hieß es wieder „Freie Fahrt" für die Schifffahrt auf dem Main, ab 1. Mai 2012 auch auf dem Main-Donau-Kanal. Die Binnenschifffahrt hat damit wenigstens auf diesem Abschnitt wieder eine zuverlässige Wasserstraßenverbindung, an der die Mitarbeiter der WSV ihren Dienst tun – nicht zuletzt, sondern vor allem zum geschäftlichen Nutzen der Reeder, die ihnen im Streik 2013 ihre Solidarität verweigern. Undank ist eben der Welt Lohn.

Die Instandhaltung ist umso bemerkenswerter, als sie eine der letzten ihrer Art und Größe gewesen sein könnte, sollten die Privatisierungs- und Zerschlagungspläne für die WSV und die Binnenschifffahrt umgesetzt werden.

Eisgang – Leckerbissen für private Unternehmer

Als eines der Hauptargumente für die Zerschlagung der WSV wird immer wieder von interessierter Seite angeführt, dass ein privater Betreiber des Wasserstraßennetzes effektiver arbeiten würde als eine staatliche Behörde. Dabei habe ich mich immer gefragt, was für einen privaten Betreiber unternehmerisch so interessant daran sein sollte, einen Kanal eisfrei zu halten. Mag ja sein, dass es irgendwo einen solchen Unternehmer gibt, der sich einer solchen Herausforderung stellen möchte. Was auf ihn da warten könnte, lässt sich am Beispiel des Winters 2011/2012 erahnen.

Es zeigt, welcher zeitlich begrenzte, an die äußersten Kraftreserven von Mensch und Material gehende Einsatz nötig ist, um die Schifffahrt zu ermöglichen. Für sie würden rein privatwirtschaftliche Gepflogenheiten wie Saisonarbeit das sichere Aus bedeuten. Eine staatliche oder öffentlich kontrollierte Arbeitsplatzgarantie ist nach Ansicht der meisten Fachleute deswegen unabdingbar.

In früheren Wintern waren vor allem die Wasserstraßen im Osten der Republik auf Eis abonniert. Nicht so in jenem Winter. Die beiden russischen Hochs Dieter I und Dieter II sorgten seit Mitte Januar 2012 auch „westlich des Weißwurstäquators für ordentlich Eishochdruck in Flüssen und Kanälen".[25]

Mit Erderwärmung hat das nur noch ansatzweise und wenn, dann nur für hartgesottene Verfechter dieser Theorie etwas zu tun. Wochenlang hielt das Eis die Binnenschiffe in Deutschland und Europa im Griff. Minusgrade im zweistelligen Celsius-Bereich legten tagelang den Schiffsverkehr nicht nur im Osten, sondern auch verstärkt im Westen Europas an die Kaikante.

Eis auf dem Neckar

Am Neckar zieht sich die Lage erst ganz langsam zu. Bis 6. Februar läuft zwischen Mannheim und Heilbronn die Schifffahrt ohne größere Behinderungen durch Eis. Doch bereits ab 10 Uhr abends wird es anders. Frachtschiffe können von da an zehn Zentimeter weniger abladen. Der Stauspiegel wird von den Mitarbeitern des WSA auf dem unteren Toleranzniveau gehalten. So will man vermeiden, dass überfallendes Wasser Eisbildung an den Wehranlagen hervorruft.

Das WSA Heidelberg veranlasst weitere Maßnahmen zur Eisbekämpfung. Der Krisenstab „Eis" wird aktiviert. Dessen Leiter, Jochen Bode berichtet: „Die Wassertemperaturen des Neckars sind weiter abgesunken. Aktuell haben wir in Heidelberg eine Wassertemperatur von 0,5 Grad Celsius. Die Eisdicken in den Schleusenvorhäfen und Seitenkanälen beträgt derzeit rund 1,5 bis 2 Zentimeter. Die verwaltungseigenen Fahrzeuge des WSA Heidelberg werden zum Eisbrechen im Oberwasser der Wehre eingesetzt. Zusätzliche Schwerpunkte sind die Seitenkanäle Ladenburg und Wieblingen und der Kanalhafen Heilbronn. Wichtig ist, dass die Schleusen auch nachts besetzt werden, um das Wasser in Bewegung zu halten und so das Zufrieren zu verhindern. Bislang ist dies auch gelungen."

Doch das ändert sich in den folgenden Stunden zusehends. Auf Grund der angekündigten Kältewelle ordnet das Amt für die Stauanlagen am unteren Neckar erste Maßnahmen zur Eisbekämpfung an. Die Wassertemperatur des Neckars in Heidelberg fällt und fällt. Der

Hydrologe des Amtes, Eugen Bierweiler, berichtet: „Noch ist die Eisbildung an den Schifffahrtsanlagen gering. Im Raum Heidelberg ist in den Schleusenkammern eine Eisdicke von einem Zentimeter gemessen worden. In den Vorhäfen zwischen Feudenheim und Neckargemünd wurde Randeis festgestellt.

Die Schifffahrt hat derzeit noch keine Einschränkungen." Die Schleusenbetriebsstellen werden angewiesen, dass Wasser auch durch Leerschleusungen in Bewegung zu halten. So soll eine mögliche Eisbildung in den Schleusenkammern verzögert werden. Zudem werden die Mitarbeiter des Bauhofs Neckarsteinach in erhöhte Rufbereitschaft versetzt. Alle Verwaltungsschiffe werden auf den Eiseinsatz vorbereitet.

Als besonders von Eis gefährdete Bereiche an der Wasserstraße Neckar zwischen Mannheim und Heilbronn werden eingestuft:

- die Schifffahrtskanäle in Ladenburg, Schwabenheim und Neckarsulm,
- der Kanalhafen Heilbronn,
- die oberen und unteren Vorhäfen der Schleusen sowie
- die Bereiche im Oberwasser der Wehranlagen.

Das Amt weist zusätzlich auf einen anderen Aspekt neben der Schifffahrt hin: den ungehinderten Wasserabfluss an den Wehren. Damit sich keine geschlossenen Eisdecken ausbilden, wird mit allen verfügbaren und verantwortbaren Mitteln versucht, das Eis zu brechen und über die Wehranlagen abzuführen. Ein zusätzliches Verwaltungsboot des Wasser- und Schifffahrtsamtes Mannheim mit Zweischraubenantrieb wird in den Neckar beordert, um beim Eisbrechen zu unterstützen.

Am Dienstag, den 7. Februar, spitzt sich die Eislage am unteren Neckar zu. Sechs Arbeitsboote des WSA Heidelberg brechen zwischen Mannheim und Heilbronn Eis auf dem Neckar. Die Eisdicken bei den Stauanlagen sind von zwei auf vier Zentimeter gewachsen. Die Wassertemperatur beträgt null Grad. Die Schifffahrt kann den Hafen Heilbronn noch erreichen, allerdings nur unter Behinderungen.

Die Maßnahmen zum Eisaufbruch zwischen Mannheim und Heilbronn laufen jetzt auf Hochtouren. Arbeitsschiffe des WSA Heidelberg sind ununterbrochen im Einsatz, um die Neckarschifffahrt so lange wie möglich aufrecht zu erhalten. Bode: „Es macht uns zu schaffen, dass durch die niedrigen Wassertemperaturen immer mehr Eis entsteht, so dass die Erfolge bei der Eisbekämpfung hinter den Erwartungen liegen." Für den nächsten Tag, den Mittwoch, wird weitere Verstärkung zum Eisbrechen am Neckar erwartet. Das Aufsichtsboot „Plittersdorf" vom WSA Freiburg und das Aufsichtsboot „Worms" vom WSA Mannheim sollen kommen. Neben dem Eisbrechen sind die Beschäftigten des WSA Heidelberg dabei Anlagen vom Eis zu befreien, um die Funktionsweise sicherzustellen.

„Schwachstellen sind", so der Amtsleiter des WSA Heidelberg, Jörg Huber, „die hydraulischen Schleusenantriebe, die bei niedrigen Temperaturen immer wieder ausfallen, so dass aus Gründen der Anlagentechnik der Schiffsbetrieb eingestellt werden muss. Entscheidend wird deshalb die weitere Entwicklung des Wetters sein. Wir hoffen auf wärmere Temperaturen."

Bis Mittwoch, den 8. Februar, werden rund 22.000 Tonnen Eis in Vorhäfen, Seitenkanälen und vor den Wehranlagen durch Verwaltungsboote aufgebrochen und über die Wehranlagen abgeführt. Damit ist ein Puffer geschaffen, wenn weitere Eisbildung einsetzen sollte. Etwas wärmere Temperaturen haben zwischenzeitlich dabei geholfen.

Gleichwohl sind in den Vorhäfen und Seitenkanälen geschlossene Eisdecken mit einer Dicke von etwa vier Zentimeter zu verzeichnen, im Bereich der Wehre aber bis zu zehn Zentimeter. Die Wassertemperatur beträgt weiterhin null Grad Celsius.

Schwerpunkte der Eisbrecharbeiten sind:

- der obere Vorhafen in Feudenheim (Einsatz MB „Plittersdorf" vom WSA Freiburg),
- das Oberwasser des Wehres Ladenburg (Einsatz MB „Worms" vom WSA Mannheim),

- in Heidelberg vor dem Wehr Wieblingen (Einsatz SG „Milan" vom WSA Heidelberg),
- an den Wehren Heidelberg und Neckargemünd (Einsatz MB „Tiefburg" vom WSA Heidelberg),
- im Oberwasser des Wehres Neckarsteinach (Einsatz SG „Reiher" vom WSA Heidelberg),
- die Wehre Rockenau und Hirschhorn (Einsatz MB „Dauchstein" vom WSA Heidelberg),
- das Oberwasser des Wehres Guttenbach (Einsatz MB „Württemberg" vom WSA Heidelberg),
- am Wehr in Neckarzimmern (Einsatz MB „Ritter Götz" vom WSA Heidelberg)
- sowie am Wehr Neckarsulm und im Kanalhafen in Heilbronn (Einsatz SB „Müller III" durch Firma Müller).

Huber: „Die Arbeiten in der Kälte gehen an die Substanz der Mitarbeiter, Sonderschichten sind erforderlich, um auch nachts das Eis in Bewegung zu halten. Unser Ziel ist es, Kohlefrachtschiffe zum Kraftwerk nach Heilbronn oder nach Wahlheim zu bekommen. Die Kraftwerke brauchen die Kohleladungen dringend."

Jetzt sind zeitweise elf Kohlefrachter auf dem Weg zwischen Mannheim und Heilbronn unterwegs. Insgesamt bleibt die Lage am unteren Neckar weiter angespannt. Problematisch ist dabei nicht die Behinderung der Güterschifffahrt auf freier Strecke. Die dort bislang vorhandenen Eisstärken sind für Frachtschiffe unbedenklich. Hauptaugenmerk der Eisbekämpfung liegt vielmehr auf den Schleusen- und Wehranlagen. Auch in den nächsten Tagen müssen Wehrverschlüsse gangbar und Schleusentore fahrbar gehalten werden. Die Arbeiten am vereisten Neckar sind obendrein überaus gefährlich. Deshalb haben bei allen Bemühungen die Sicherheit der Arbeiter, die auf dem Neckar im Einsatz sind, die Sicherheit der Eisbrecher und die Sicherheit der Anlagen höchste Priorität.

Ein Mitarbeiter des WSA Heidelberg zu mir: „Dass man sich da nicht täusche: das ist harte Knochenarbeit, da ist noch der einzelne

EISGANG – LECKERBISSEN FÜR PRIVATE UNTERNEHMER 51

Abb. 6: Eisstoßen an der Schleuse Rockenau am Neckar. Hier ist ...

Abb. 7: ... der ganze WSV-Mann gefragt, jeder WSV-Mitarbeiter gefordert.

ganze Mann gefragt. Aber gemacht werden muss die Arbeit, da beißt die Maus keinen Faden ab." Denn nur wenn die Bauwerke samt beweglicher Teile funktionsfähig und die Anlagenbereiche weitgehend eisfrei sind, bleiben Wasserführung und Schifffahrt unbeeinträchtigt.

Am Donnerstag, den 9. Februar, verschärft sich die Lage zusehends weiter. Die Schifffahrt auf dem unteren Neckar wird immer schwieriger. Den ganzen Tag wird wieder Eis in den Schifffahrtskanälen und vor den Wehranlagen gebrochen. Die Schleusen Feudenheim und Rockenau fallen immer wieder aus. Hauptaufgabe neben dem Eisbrechen ist jetzt die fortlaufende Störungsbeseitigung. Schleusentore, die Befüll- und Entleerungsorgane lassen sich zweitweise nicht mehr bewegen. Die Antriebe geraten immer öfter in Überlast oder fallen ganz aus.

Es grenzt schon an ein Wunder, aber den Spezialisten der Wasser- und Schifffahrtsverwaltung gelingt es allen Widrigkeiten zum Trotz, die Schifffahrt aufrecht zu halten. Seit Mittwoch haben 14 Kohlefrachtschiffe den Hafen und somit das Kohlekraftwerk in Neckargartach erreicht. Jörg Huber rechnet damit, dass am Freitag die Schifffahrt auch am unteren Neckar eingestellt werden muss.

Huber: „Irgendwann ist es nicht mehr sinnvoll und zu verantworten, die Schleusen weiter zu beanspruchen. Schon jetzt haben wir viele Schäden an den Anlagen zu verzeichnen. Wir müssen hier auch die Verantwortung sehen, dass die Schifffahrtsanlagen, auch wenn das Eis wieder geschmolzen ist, störungsfrei funktionieren."

Eisbildung am Neckar im Monat Februar war früher durchaus üblich. Eine der Hauptsorgen der Bürger Heidelsbergs galt von alters her dem Eis. In den Jahren 1954 und 1955 waren mehrtägige Schifffahrtssperren aufgrund von Eis zu verzeichnen.

In früheren Zeiten waren die Häuser noch nicht aus Ziegel und Beton, sondern größtenteils aus Lehm und Holz gebaut. War auf dem ungezähmten, Wasserstraßengegner sagen „freifließenden" Neckar Eisgang, gingen die Eisschollen zwangsläufig übers Ufer. Sie säbelten die Stadthäuser regelrecht ab. Und erst im Jahr 2009 war Anfang Januar der Neckar sieben Tage für die Schifffahrt aufgrund von Flusseis gesperrt.

Ich selbst habe in meiner Studienzeit in Heidelberg unten am linken Neckarufer am Tränktor in einem solchen Fachwerkhaus gewohnt, das allerdings schon stabiler gebaut war. Ich war froh, dass zu meiner Zeit der Neckar nicht mehr freifließend war.

Eis im Norden

Im Norden der Republik schlagen die Minusgrade im Frühjahr 2012 mit am heftigsten zu. Aufgrund der niedrigen Wassertemperatur kommt es im Mittellandkanal bereits ab 1. Februar zwischen der Schleuse Sülfeld bei Wolfsburg und der Schleuse Rothensee bei Magdeburg sowie im Elbe-Seitenkanal zu Eisbildung von bis zu fünf Zentimeter Dicke. Im Bereich des Elbe-Seitenkanals sind vier Eisbrecher im Einsatz. Der Stichkanal Salzgitter wird von einem Eisbrecher freigehalten. Weitere vier Eisbrecher sind in der Anfahrt zum Wasserstraßenkreuz Minden, um von dort den Bereich des westlichen Mittellandkanals nach Bergeshövede sowie nach Hannover und die Schleusen zur Weser bei länger anhaltenden tiefen Temperaturen für die Schifffahrt freizuhalten. Die gewerbliche Schifffahrt ist über den Einsatz der Eisbrecher informiert. Die WSD Mitte warnt vor dem Betreten der Eisflächen, besonders im Bereich der gebrochenen Fahrrinne ist eine zwischenzeitlich geschlossene Eisdecke wesentlich dünner als das Eis am Gewässerrand.

Der Elbe-Seitenkanal wird am Samstag, den 4. Februar, um 18 Uhr, für die Schifffahrt gesperrt. Als Grund wird die Sperrung der Elbe zwischen Geesthacht und Dömitz angegeben. Die vorhandene Schifffahrt wird auf die Möglichkeit verwiesen, im Elbe-Seitenkanal den Kanal zu verlassen oder Liegestellen und Häfen anzulaufen. Die Eisbrecher werden zum Einsatz auf dem Mittellandkanal verlegt. Ab Samstag sind hier auf der gesamten Strecke von Bergeshövede bis Magdeburg sowie in den Stichkanälen Osnabrück, Linden, Hildesheim und Salzgitter insgesamt neun Eisbrecher im Einsatz.

Eis in Bayern

Im Zuge jenes Jahrhunderteisganges 2012 werden wichtige Wasserstraßen auch in Bayern gesperrt. Eisige Temperaturen bringen die Schifffahrt auf dem Main-Donau-Kanal zum Erliegen. Der Kanal ist die höchstgelegene Wasserstraße in Deutschland und friert fast regelmäßig im Winter zu. Seit 4. Februar 2012 kommen keine neuen Schiffe mehr in die Strecke zwischen Hausen und Bachhausen. Alle Schiffe, die sich noch in dieser Strecke befinden, werden in sichere Häfen und Liegestellen geleitet. Eisbrecher des WSA Nürnberg halten eine Fahrrinne frei und Mitarbeiter stoßen mit Lanzen die Schleusen von Eisschollen frei. Durch diese Maßnahmen fährt die Schifffahrt sogar noch bei bis zu einem Meter dickem Eis.

Die extrem niedrigen Temperaturen setzen zuerst auch hier den Schleusentoren und ihrer Mechanik zu. Die vom Kanalwasser feuchten Tore frieren in kürzester Zeit an den Tordichtungen fest, sodass die großen Tore nicht mehr fahren können.

Elektroniker, Industriemechaniker und Wasserbauer sind übers Wochenende immer wieder im Einsatz, um die betroffenen neun Schleusen zwischen Hausen und Bachhausen wieder frei zu bekommen. Dennoch kommt es immer wieder dazu, dass Schiffe in den Schleusen zeitweise festsitzen.

Am Samstagmittag muss das WSA Nürnberg einsehen, dass es den Schleusenbetrieb nicht weiter aufrechterhalten kann und stellt die Schifffahrt zwischen Hausen und Bachhausen ein.

Durch den unermüdlichen Einsatz der Mitarbeiter des Wasser- und Schifffahrtsamtes können bis Sonntagabend alle Schiffe, die sich noch im gesperrten Bereich befanden, zu sicheren Liegestellen und Häfen geführt werden.

Am Sonntagabend friert ein Güterschiff oberhalb der Schleusentore von Dettelbach fest. Der Eisbrecher „von Grassmann" des WSA Schweinfurt bricht es am Montag frei. Etwa eine Stunde lang hat der Eisbrecher das Eis rund um das Schiff und auf dem Weg zur Liegemauer aufgelockert. Jetzt kann das Schiff an dieser Liegestelle die Eiszeit abwarten.

Zeitweise liegen über 30 Güterschiffe auf dem Main zwischen Bamberg und Marktheidenfeld. Die Schifffahrt ist in diesem Bereich seit Sonntag 22 Uhr und im Bereich stromab bis zum Hafen Aschaffenburg ab Montag, 6. Februar, 22 Uhr eingestellt. Die Schiffe fahren geeignete Liegeplätze an.

Am Sonntag bricht der Eisbrecher „von Grassmann" zwei Schiffe frei. Sie wollten an der Schleuse Ottendorf oberhalb Schweinfurt zu Tal fahren, frei. Er bricht eine Fahrspur längs an den Schiffen auf. Ein folgendes Güterschiff stört dann das Eisgefüge durch die Vorbeifahrt soweit, dass die beiden Schiffe wieder freischwimmen konnten.

Bereits am Sonntagmorgen muss der Eisbrecher des WSA im Schleusenkanal Gerlachshausen zwei eingefrorene Schiffe befreien. Mannschaft und Eisbrecher sind um 6 Uhr von Schweinfurt aus losgefahren. Samstagabend gegen 20 Uhr ist ein 145 Meter langer Schiffsverband beim Ausfahren aus der Schleuse Gerlachshausen stromaufwärts im Eis stecken geblieben. Ein stromabwärts fahrender 178 Meter langer Schiffsverband will versuchen, ihn in langsamer Vorbeifahrt freizubekommen. Dabei kommt auch dieser im Eis fest.

Am Dienstag, den 7. Februar ist das Eis bis zu 15 Zentimeter dick, Eisschollen bis zu 200 Meter lang. Das führt dazu, dass der Schiffverkehr komplett untersagt werden muss.

Das für die Schifffahrt auf der Donau zuständige WSA Regensburg spricht mit Rücksicht auf die Sicherheit der Anlagen und die Gefahren für die Schifffahrt ein vollständiges Fahrverbot aus. Der Schiffverkehr steht bereits größtenteils still. Gründe dafür sind neben der Sperrung des Main-Donau-Kanals die Außerbetriebnahme der Schleusen Kachlet und Jochenstein seit dem Wochenende. Der Eisbrecher „Seidlstein" des Schifffahrtsamtes bricht noch eine Spur von Straubing donauaufwärts, um zwei Schiffen die sichere Zufahrt zum Hafen Regensburg zu ermöglichen.

Der Winter 2011/2012 – erst eine Trockenperiode, dann eine Hochwasserperiode und schließlich ein Jahrhunderteis – ein denkwürdiger Winter für die Binnenschifffahrt und vielleicht eine Lektion für all jene, die die WSV gerne privatisieren möchten, damit sich irgendwelche ausländischen Hedge-Fondsgesellschaften daran ergötzen können, wenn in Mitteleuropa niemand mehr mit dem Allernotwendigsten zum Leben versorgt wird, weil die Binnenschifffahrt mangels staatlicher Wasserstraßenvorsorge ihre Tätigkeit wegen Dürre, Flut oder Eis eingestellt hat und Eisenbahn- und Lkw-Transporte deswegen auf den im Generalstau versinkenden Straßen und Autobahnen stecken geblieben sind.

Trögeschrubben auf dem Wasserstraßenkreuz

Dass die in der Binnenschifffahrt Beschäftigten mit der WSV durchwegs zufrieden sind, so wie sie ist und seit anderthalb Jahrhunderten war, fand ich eindrucksvoll bei einem Gespräch bestätigt, das ich im Winter 2009/2010 in Minden während einer Sperrung des Mittellandkanals wegen Eises mit dem Leiter des Wasser- und Schifffahrtsamtes Minden, Henning Buchholz, führen konnte.[26] An der kleinen Gesprächsrunde an Bord von MS „Recaro" auf der Höhe der Frostperiode Anfang Februar 2010 nahmen die Binnenschiffer Kapitän Reinhold Scheermann, im Nebenberuf Vorsitzender des Aufsichtsrates der DTG Deutsche Transport-Genossenschaft Binnenschifffahrt eG, und deren damaliger Vorstand Hans Egon Schwarz teil.

Der Winter hatte es vor allem für die Wasser- und Schifffahrtsämter in sich. Landauf, landab gaben sie ihr äußerstes, um den Binnenschiffern ihre Arbeit, soweit es ging, zu erleichtern. Doch nicht nur das Eis machte den Behörden vor Ort zu schaffen. Zunehmend haben sie mit Personalnöten und einer immer knapper werdenden Finanzdecke zu kämpfen.

Wie Buchholz dabei erzählte, ist allein die Sperrung mit sehr viel Arbeit verbunden. So habe man hier wie auch die Schifffahrtsbüros in anderen Dienststellen alle Hände voll zu tun, die verschiedenen Anfragen der Schiffsführer, Reedereien, Befrachter usw. zu beantworten, die natürlich darauf drängten zu erfahren, wann es wieder weitergeht, wann die Sperrung aufgehoben würde.

Das WSA Minden hat insgesamt die Aufgabe, ständig für eine Gefahrenabwehr, für den Schutz der Bauwerke zu sorgen. Die neue Kanalbrücke über die Weser ist eine Stahlkonstruktion. Hier muss immer wieder gebrochen werden, auch wenn Eissperre verhängt ist. Buchholz: „Unternähmen wir hier nichts, bestünde die Gefahr, dass der Eisdruck das Bauwerk beschädigt." Auch in den Vorhäfen der Schleusen müsse, soweit es eben geht, gebrochen werden, da die Schleusentechnik ebenfalls durch das Eis Schaden erleiden kann.

Probleme macht das Eis nicht nur an Schiffen, sondern vor allem auch an der Schleuse. Der Sperrung des Kanals vorausgegangen war die Sperrung der Schachtschleuse für Fahrzeuge mit mehr als 80 Meter Länge. Grund hierfür war die Tatsache, dass einfahrende Schiffe Eisschollen vom Vorhafen in die Schleuse hinein geschoben hatten. Dieser Eispfropfen verkürzte die Schleusenkammer und behinderte den Betrieb fast aller beweglichen Teile, vor allem jener, die laufend ins Wasser eintauchen, wie Tore, Antriebe, Seile und damit auch die Seilscheiben. Buchholz: „Wenn sich da Eis festsetzt, geht nichts mehr." Schlimmer noch, es bestehe die Gefahr von Beschädigungen, die dann nachher wieder mühsam und für teures Geld repariert werden müssen, und zwar während des Betriebes.

Dabei können sich aber alle Beteiligten sicher sein, dass die Mitarbeiter der WSV alles tun, um möglichst schnell wieder zu einem geregelten Arbeitsbetrieb zu gelangen. Buchholz: „Auch uns ist es natürlich lieber, wenn wir die Eissperre aufheben können. So wie wir überhaupt darum bemüht sind, unseren Kunden, den Schiffsführern, ihre Arbeit auf dem Kanal und auf der Weser so leicht und angenehm wie möglich zu machen."

Dass den Mitarbeitern der WSV dies gelingt, bestätigte mir Kapitän Scheermann: „Aber voll. Ich kann nur sagen, dass das Wasser- und Schifffahrtsamt hier in Minden, meinem Heimathafen, in den ganzen 40 Jahren, in denen ich den Kanal bereits befahre, vorbildliche ganze

Arbeit geleistet hat und nach wie vor leistet, zum Wohl von uns Schiffern. Das war jedes Jahr so, und wir sind Herrn Buchholz und seinem Team dankbar dafür. Ohne sie liefe sonst so manches nicht, und mit ihnen lässt sich auch dieser Eisgang überwinden."

Warum dann die Standesvertretung der Binnenschifffahrt, der BDB, im ersten Streik der WSV-Mitarbeiter diesen die solidarische Unterstützung verweigert, wird vor dem Hintergrund solcher Lobeshymnen zumindest nicht verständlicher. Auch wenn, wie Scheermann einräumt, Binnenschiffer manchmal einiges forderten, wo auch das Wasser- und Schifffahrtsamt an seine Grenzen stoße. Scheermann: „Der eine möchte die Eissperre früher aufgehoben sehen, der andere später. Allen kann man es nicht recht machen."

Als besonderes Problem sehen meine Gesprächspartner den schon damals anlaufenden Personalabbau bei den Dienststellen der WSV aufgrund der gesetzlichen Stelleneinsparung in der Bundesverwaltung. Buchholz versuchte zu beschwichtigen: „Einbußen in der Qualität der Arbeit in den Wasser- und Schifffahrtsämtern bei Unterhaltung, Betrieb, Aus- und Neubau der Wasserstraßen und bei den Servicediensten für die Schifffahrt möchten wir jedoch möglichst vermeiden."

Was 2010 sich noch nicht in der heutigen Deutlichkeit abzeichnete: Buchholz' Enthusiasmus wird kaum Lorbeeren bekommen. Denn gegen einen Personalabbau von 2.500 Mitarbeitern, wie er 2013 sich abzeichnet, einem Viertel der bisherigen Personalausstattung, werden auch er und sein Team sich nicht mehr stemmen können. Wie dann noch ihre Arbeit gewährleistet werden soll, ist fraglich.

Verschlusssache Wehr Untertürkheim

Die WSV ist aber nicht nur für die Binnenschifffahrt rund um die Uhr im Einsatz. Sie muss nicht nur bei Eis dafür sorgen, dass andere Teile der Wasserstraßeninfrastruktur reibungslos funktionieren, wie zum Beispiel die Wehre – ein besonders schönes Beispiel für die Attraktivität, die der Betrieb von Wasserstraßeninfrastruktur auf private Unternehmen ausüben müsste, wollte man den Heilspredigten der

Privatisierer innerhalb und außerhalb der Regierungen in Berlin und Brüssel Glauben schenken.

Durchschnittlich investiert der Bund 33 Millionen Euro pro Jahr für die Bauwerke am Neckar. Der Fluss gehört damit nach dem Rhein und drei weiteren Wasserstraßen mit einem durchschnittlichen jährlichen Gütertransport von 7,5 Millionen Tonnen zu den bedeutendsten Flüssen in Deutschland. Mit einem zu erwartenden Anstieg des Verkehrs auf Straße, Schiene und Wasserstraße muss auch der Neckar für größere Schiffe ertüchtigt werden.

In einem ersten Schritt wird der Neckar für das 135-Meter-Schiff bis zum Hafen Heilbronn ausgebaut. Hierfür und für die Grundinstandsetzung mindestens einer Schleusenkammer am gesamten Neckar sollen rund 260 Millionen Euro ausgegeben werden. Parallel erfolgt die Grundinstandsetzung der Schleusen, Wehre, Hochwassersperrtore und Seitenkanäle am gesamten Neckar bis Plochingen. In einem zweiten, zeitlich noch nicht absehbaren Schritt will der Bund die Schleusen zwischen Heilbronn und Plochingen verlängern.

Hinzukommen weitere rund 800 Millionen Euro für Sanierung oder Neubau der Wehre. Dieses Programm dauert voraussichtlich bis 2058. 80 Millionen Euro sind für die Errichtung von Fischaufstiegsanlagen vorgesehen.

Laut Jörg Huber vom WSA Heidelberg dienen all diese Maßnahmen der Erhaltung des Neckars als multifunktionaler Lebensraum. „Kein anderer Transportweg ist gleichzeitig Verkehrsträger, ökologischer Lebens- sowie Freizeit- und Erholungsraum", verdeutlicht Huber. Bis zur Grundinstandsetzung oder dem Neubau von Bauwerken sieht sich das WSA in der unterstützenden Funktion, die umfangreichen Schleusen- und Wehranlagen am Neckar bestmöglich zu unterhalten. „Mit dem Neubau oder der Sanierung erfahren wir auch eine Erleichterung in der Unterhaltung der Bauwerke", so Huber.

Als im Frühjahr 2012 ein Wehrverschluss am Neckar-Wehr Untertürkheim ausgetauscht wurde, lud mich das WSA Heidelberg ein, von dort live zu berichten[27]. Ich kann nur jedem Privatunternehmen, das mit dem Gedanken spielt, damit sein Geld zu verdienen, viel Glück wünschen.

Bereits seit 2007 läuft die Grundinstandsetzung des in den 1920iger Jahren erbauten Wehres im Auftrag des Amts für Neckarausbau Heidelberg. Damit das Wehr während der kompletten Bauzeit weiterhin vom Wasser- und Schifffahrtsamt Stuttgart betrieben werden kann, wurden die Wehrfelder eins nach dem anderen saniert.

Erst nach der Inbetriebnahme eines fertig gestellten Wehrfeldes konnte jeweils die Trockenlegung und die Sanierung des nächsten Wehrfeldes umgesetzt werden. Die Wehrfelder wurden mit neuen Wehrverschlüssen, den zugehörigen Antrieben und einer modernen Steuerungstechnik ausgestattet. Zudem fanden die Errichtung neuer Wehrpfeiler und die Erneuerung der Wehrsohle von Grund statt. „Nach Abschluss der Bauarbeiten wird das Wehr wieder für Jahrzehnte seine Aufgabe zur Stauhaltung und Hochwasserabfuhr zuverlässig erfüllen können", berichtet Projektleiter Dr.-Ing. Andreas Rathgeb vom WSA Heidelberg.

Nachdem Ende 2008 der erste und im Herbst 2010 der zweite Wehrverschluss im Rahmen der Grundinstandsetzung des Wehrs Untertürkheim eingesetzt wurden, folgten am 31. Januar und am 1. Februar 2012 die restlichen beiden Verschlüsse. Hierzu war eine Straßensperrung an einer der Hauptverkehrsstraßen mit Kreuzungsverkehr an beiden Enden der dortigen Neckarbrücke in Untertürkheim an beiden Tagen durchgängig erforderlich.

Aufgrund der Anlieferung und Montage der Stahlkonstruktionen musste auf der Inselbrücke die Fahrspur in Richtung Untertürkheim und die Straße „Zum Ölhafen" bis zum Kraftwerkskanal vom 30. Januar ab 16 Uhr bis zum 1. Februar bis 24 Uhr gesperrt werden. Entsprechende Umleitungen waren eigens ausgeschildert. Ebenso war der Geh- und Radweg Richtung Untertürkheim nicht passierbar. Die Brückenquerung auf der anderen Seite in Richtung Wangen war möglich.

Abb. 8: Millimeterpassgenau wird von den Mitarbeitern des WNA Heidelberg und den Spezialisten der niederländischen Firma Mammoet der neue Wehrverschluss in das Wehr Untertürkheim eingesetzt.

Mit Spannung wurde der millimetergenaue Einhub der beiden letzten Rollschütze erwartet. Zu diesem Zweck war eigens der imposante Schwimmkran „Atlas" auf dem Pontonschubverband „Büffel" aus Duisburg gekommen. Er gehört der Duisburger Tochter des niederländischen Unternehmens Mammoet Maritim und kann bis zu 300 Tonnen heben. Nacheinander hob das Ungetüm erst die je 50 Tonnen schweren Stahlkonstruktionen zuerst vom Lkw, der sodann darunter wegfährt. Danach setzte der „Atlas" die Rollschütze wieder auf die Straße. Hier wurde sie für den Einhub vorbereitet und in die richtige Position gebracht.

Schließlich schwebte am Kranhaken eine Rollschütze nach der anderen durch die Luft über eine überschaubare Zuschauergruppe hinweg – gleichzeitig wurde wieder einmal vor dem Stuttgarter Bahnhof gegen „Stuttgart21" demonstriert – in die jeweils dafür vorgesehenen Wehrfelder ein – die letzten Meter der insgesamt über 700 Kilometer langen Anreise aus dem sachsen-anhaltinischen Rosslau an der Elbe von der dortigen Roßlauer Schiffswerft GmbH & Co. KG.

„Es war ein gutes Stück Arbeit, den gesamten Transport zu organisieren. Doch nun haben wir es in echtem Teamwork geschafft", erklärt Rathgeb erleichtert. Begonnen wurde mit dem landseitigen Wehrverschluss. Im Anschluss erfolgte die Montage der Wehrstege über beide Wehrfelder, alles in allem ein Arbeitszeitaufwand von zwei Tagen. Erst am Mittwochmorgen wurde der Einhub des letzten Verschlusses vorgenommen. Nach der Fertigstellung der Montage der Wehrverschlüsse und des Wehrsteges standen der Einbau des Getriebes und der Steuerung auf dem Plan. Auch für die Getriebemontage wurde vom 6. Februar ab 8 Uhr bis zum 10. Februar bis 10 Uhr eine Sperrung der Inselbrücke in Richtung Untertürkheim einschließlich Geh- und Radweg erforderlich.

Bis zur Inbetriebnahme der Wehrfelder 3 und 4 im Sommer 2012 mussten noch eine Dichtheitsprüfung und ein Probebetrieb der Rollschützen erfolgen. Erst nach Ausstattung der Antriebshäuser mit einer Aluminiumverkleidung und der Räumung der Baustelle war auch der dritte und letzte Bauabschnitt abgeschlossen.

Schiffe für jeden Zweck

Welche Investitionen ein privates Unternehmen, das in der Nachfolge einer zerschlagenen staatlichen WSV Rosinen im Betrieb eines Wasserstraßennetzes heraussuchen möchte, unter Umständen zu schultern wären, zeigt das Beispiel der Arbeitsschiffe, die so ein WSA mit den Jahren beschaffen muss.

Im Sommer 2011 und Anfang 2012 konnte ich die Taufen gleich dreier solcher Mehrzweckarbeitsschiffe (MAS), zwei auf einmal in Würzburg und eines in Brohl am Rhein, miterleben.

Doppeltaufe auf dem Main

Die beiden in einer Doppeltaufe auf die Namen „Steinbeißer" und „Zander II" im Hafen des Bauhofes des Wasser- und Schifffahrtsamtes im Würzburger Ortsteil Heidingsfeld bei schönstem Wetter am 23. September 2011 in Betrieb genommenen[28] Schiffe wurden von der Fachstelle für Maschinenwesen Süd (FMS) in Nürnberg konzipiert und nach EU-weiter Ausschreibung von der Faaborg Werft in Dänemark gebaut, bevor sie im August die rund 1.400 Kilometer von Dänemark in rund zwölf Tagen durch das bundesdeutsche Wasserstraßennetz nach Würzburg überführt wurden – über die Ostsee, Nord-Ostsee-Kanal, Außenelbe, Elbe-Seitenkanal, Mittellandkanal, westdeutsches Kanalsystem, Rhein und schließlich den Main hoch nach Würzburg. „Steinbeißer" und „Zander II" ersetzen zwei ältere Schwimmgreifer der Baujahre 1954 und 1967, die laut Angaben des Amtes abgängig waren und wirtschaftlich nicht mehr instandgesetzt werden konnten.

Die Gesamtkosten für die beiden Schiffe einschließlich der beiden auf ihnen fortan arbeitenden Mobilbagger belaufen sich den Angaben zufolge auf rund sechs Millionen Euro. Die Schiffe helfen, die Stauanlagen des Mains in Ordnung zu halten und insbesondere Feuerwehraufgaben nach Hochwassern und bei Havarien wahrzunehmen. Die Mobilbagger sind für Hebe-und Greifarbeiten an den Stauanlagen des Mains und im Gewässerbett vorgesehen.

Für die Ausstattung der Mehrzweckarbeitsschiffe mit Mobilbaggern sowie die statischen Belange des Zusammenführens der Mobilbagger mit den Mehrzweckarbeitsschiffen zeichnet die Firma Bordt verantwortlich. Sie besorgte ebenfalls die Belange der Arbeitssicherheit und Gestaltung der Arbeitsabläufe auf den Mehrzweckarbeitsschiffen.

Die technische Seite der beiden Schiffsneubauten oblag der Fachstelle für Maschinenwesen Nürnberg unter ihrem Leiter Steffen Bleidißel, der für Konzipierung, Ausschreibung und Vergabe sowie Abwicklung des Baus der Schiffe verantwortlich zeichnet.

Ohne eigene leistungsfähige schwimmende Hebegeräte könnte das Amt das jährliche Programm der Inspektions- und Instandsetzungsarbeiten nicht bewältigen. Die regionale Steuerung der Main-Donau-Wasserstraße obliegt der WSD Süd in Würzburg. Schoppmann: „Die neuen Mehrzweckarbeitsschiffe sind ein Stück Sicherheit und Notfallvorsorge auf dem Main."

19 Großschiffsschleusen, 17 Bootsschleusen und 54 Wehrfelder müssen regelmäßig mindestens alle sechs Jahre einer Bauwerksinspektion unterzogen sowie instand gesetzt werden. Hierzu müssen die Mehrzweckarbeitsschiffe die Revisionsverschlüsse stellen – alles gefährliche Arbeiten, die einen sicheren Arbeitsablauf mit eingespielten Teams aus Fahrzeugbesatzungen und Tauchern erfordern.

Zudem werden die Walzenwehre über Ketterer angetrieben. Jedes Jahr hat das WSA ein umfangreiches Kettenprogramm zu absolvieren. Hierzu benötigt man *just-in-time* leistungsfähige Hebegeräte. Überdies gibt es nach jedem Hochwasser Problemstellen, die versanden oder mit Treibgut die Wiedereröffnung der Schifffahrt nach der Hochwasserwelle behindern.

Die Doppeltaufe gelang so zu einer überzeugenden Demonstration dessen, was die Wasser- und Schifffahrtsverwaltung des Bundes heute leistet. Die neuen „Alleskönner", wie seinerzeit die Regionalpresse schlagzeilte, werden mehr denn je benötigt – für die Binnenschifffahrt, vor allem aber für die Wasserstraße und alles was mit ihr zusammenhängt, vom Umweltschutz bishin zu Sportschifffahrt, Tourismus, Erholung und Freizeit. Solche Investitionen müssen geschultert werden, egal ob ein Markt dafür gerade vorhanden ist oder nicht.

MS „Brohl"

Auch der Außenbezirk Brohl am Rhein des Wasser- und Schifffahrtsamtes Bingen kann sich über ein neues Verkehrssicherungsschiff freuen. Im Hafen von Brohl wurde im Herbst 2011 der Täufling gleichen Namens seiner Bestimmung übergeben.

Das Verkehrssicherungsschiff MS „Brohl" ist das zweiunddreißigste, das auf der Barthel-Werft in Derben an der Elbe für die WSD Südwest gebaut wurde, für diese das sechste einer neuen Baureihe für den Rhein und das zweite für das WSA Bingen. Der Bau beruht, von einigen Verbesserungen abgesehen, im Wesentlichen auf dem Prototyp MS „St. Goar". Entwurf, Konstruktion und Bau erfolgten nach den Vorgaben des Auftraggebers, der Fachstelle für Maschinenwesen

Südwest beim WSA Koblenz. Dieser Schiffstyp soll das Standardarbeitsschiff der Wasser- und Schifffahrtsverwaltung für frei fließende Flüsse werden.

Das Schiff ist 20,17 Meter lang und 4,83 breit bei einem Tiefgang von 1,1 Meter und einer Verdrängung von 51 Tonnen. Die beiden Iveco-Motoren schaffen eine Antriebsleistung von 2 mal 243 Kilowatt bei 2.000 Umdrehungen pro Minute, was dem Schiff eine durchschnittliche Geschwindigkeit von 20 Kilometer pro Stunde verleiht.

Durch das MS „Brohl" wird das MS „Unkelstein" ersetzt, das eigentlich ein Peilschiff ist, weswegen ein neues Peilschiff beschafft wurde. Das Schiff fällt durch eine Reihe von Innovationen auf wie das große Steuerhaus mit dem Messarbeitsplatz und dem großzügig gestalteten Messraum, den niedrigen Schallpegel, die ergonomische Gestaltung des Steuerstandes mit einer guten Rundumsicht hervor. Dieser Steuerstand ist als Standardsteuerstand bei weiteren Fahrzeugen der WSV eingeführt worden.

Zur besseren Manövrierfähigkeit wurde das Schiff mit Hubstrahlruder ausgestattet. Grund für die Anschaffungen der Schiffe durch die WSV ist auch hier das Alter der bestehenden Flotte von Arbeitsschiffen der Verwaltung. Heute werden zudem weit schnellere und leistungsfähigere Schiffe benötigt als zu früheren Zeiten. Hier wirkt sich der Sparzwang u.a. beim Personal von bis zu 35 Prozent in den letzten 15 Jahren aus.

Dass auch hier die Anschaffung der neuen Schiffe sinnvoll ist, ist unter Fachleuten keine Frage. Die Mitarbeiter der WSV sind täglich am oder auf dem Rhein unterwegs. Ihre Nautiker, Wasserbauer, Vermesser, Gewässerkundler, sie alle beschäftigen sich schon seit über 130 Jahren mit dem Rhein.

Sie kennen diesen Fluss wie ihre Westentasche. Wenn auf dem Rhein irgendetwas passiert, z.B. eine schwere Havarie wie im Januar 2011 mit der „Waldhof", fahren die WSV-Mitarbeiter hinaus, bringen ihr Know-how ein und arbeiten gemeinsam an den Problemen.

Die Ämter brauchen zu deren Lösung Schiffe und qualifiziertes Personal. Sie gehören zum Erfolgsgeheimnis, dass die Mitarbeiter der WSV die Havarie der „Waldhof" so gut bewältigt haben. Bei der Taufe von MS „Brohl" sagte ein Gastredner an den damaligen Präsidenten der WSD Südwest, Heinz-Josef Joeris, gerichtet: „1. Die WSV arbeitet nicht wie eine Behörde. 2. Ihre Mitarbeiter arbeiten als professionelles Team. 3. Warum will man Sie eigentlich privatisieren?"

TEN-V – Netz mit doppeltem Boden

Man wird dem Problem der Privatisierungsbestrebungen der Wasser- und Schifffahrtsverwaltung nicht gerecht, wenn man die für sie verantwortlichen Kräfte einzig und allein in Berlin sucht. Zwar weisen kaum glaubhafte Ausflüchte, es sei im Bundeshaushalt nicht mehr Geld vorhanden als bislang zugestanden – allein der umstrittene Solidaritätszuschlag soll dem Bund bis 2019 ein üppiges Plus von gut 50 Milliarden Euro einbringen, für 2013 immerhin noch 14 Milliarden Euro –, genau in diese Richtung. Kein Wunder, wenn sich ein Kenner der Szene wie Hans-Wilhelm Dünner immer wieder mit Bundesverkehrsminister Ramsauer über Schlagzeilen wie „Rohrkrepierer WSV-Reform"[29] oder „Peterchens Geisterfahrt"[30] kritisch auseinandersetzt.

ZKR: Das nächste Opfer

Angesichts der eindeutigen Hinweise aus Brüssel lohnt es aber vielleicht doch, einen Blick auf andere Privatisierungsbestrebungen der EU-Kommission zu werfen, die einen Vorgeschmack dessen geben, was die EU auch in Sachen WSV im Schilde führen könnte. Einige Aktionen der EU-Kommissionen hinterlassen den Eindruck, dass hier eine Krake von EU-Kommission alles entweder abschaffen oder privatisieren will, was ihr nicht genehm und für Heuschrecken zerschlagen gehört.

Seit Jahren kaum noch ein Geheimnis ist beispielsweise der schwelende Konkurrenzkampf zwischen EU-Kommission und der Zentralkommission für die Rheinschifffahrt (ZKR) in Straßburg. Die EU-Kommission duldet nun einmal ungern andere Götter neben sich, zumal wenn sie auch noch erfolgreicher als sie sind. Wie die WSV ist die ZKR ein ausgesprochenes Erfolgsmodell. Es findet mittlerweile auf fast allen Wasserstraßensystemen der Welt immer mehr Nachahmer, wenn nicht sogar offizielle Übernahme. Dagegen sieht das Erfolgskonto der EU in Sachen Binnenschifffahrt eher mager aus.

Immerhin ist die ZKR die älteste internationale Organisation der Moderne. Ihre Gründung geht auf den Wiener Kongress von 1815 zurück, ihre Rechtsgrundlage bildet die Revidierte Rheinschifffahrtsakte vom 17. Oktober 1868, bekannt unter dem Namen „Mannheimer Akte". Die heutige Zentralkommission verfügt über eine leistungsfähige Verwaltung, die sich mit allen Fragen der Binnenschifffahrt beschäftigt.

Schon in ihrem Arbeitsdokument „Auf dem Weg zu Naiades II" vom Mai 2012[31] postulierte die Europäische Kommission eine „Stärkung der internationalen Zusammenarbeit im Binnenschifffahrtssektor". Als Teil dieser Stoßrichtung sieht eine neue Verwaltungsvereinbarung die verstärkte Nutzung des Expertenwissens der ZKR in verschiedenen Bereichen sowie die Straffung der Regelwerke durch die Schaffung gemeinsamer Strukturen vor.

Die EU-Kommission gibt sich in ihren Verlautbarungen binnenschifffahrtsfreundlich. Was ihr ein Greuel ist, sind Relikte aus staatlicher Vorwettbewerbszeit wie eben eine WSV oder eine ZKR. So sind denn auch ihre vorgeblichen Bemühungen zur Schaffung eines europäischen Gesamtverkehrsnetzes geleitet von dem Gedanken des grenzenlosen Wettbewerbs, ja, man kann sogar den Eindruck gewinnen, dass diese Vorrang genießen vor der Schaffung eines Gesamtverkehrsnetzes. Anders ausgedrückt: Die EU-Kommission, so die Vermutung, will soviel Gesamtverkehrsnetz wie nötig, aber soviel Wettbewerb wie möglich.

Da aber eine Abschaffung der ZKR nicht so ohne weiteres darstellbar ist, hat sich die EU zunächst auf vorgebliche Kooperation verlegt, nach dem Motto, kannst du deinen Gegner nicht besiegen, umarme ihn, bis er erstickt. In diesem Sinne ist eine im Mai 2013 unterzeichnete Verwaltungsvereinbarung[31] zwischen der Generaldirektion Mobilität und Verkehr der Europäischen Kommission (GD Move) und dem Generalsekretariat der ZKR zu verstehen. Offiziell soll sie der Stärkung der Zusammenarbeit zwischen den beiden Institutionen dienen. Als gemeinsame Ziele werden darin die „Gewährleistung eines optimalen Funktionierens des Binnenschifffahrtsmarktes" und der „Beseitigung der Hemmnisse für eine stärkere Nutzung des Verkehrsträgers Wasserstraße" genannt.

Die Verwaltungsvereinbarung erstreckt sich auf drei von den Partnern als wichtig eingestufte Kooperationsbereiche, als da genannt werden:

- Fortschreibung der technischen Vorschriften für Binnenschiffe,
- Modernisierung der Ausbildung des fahrenden Personals und
- Weiterentwicklung der Marktbeobachtung der Binnenschifffahrt.

Alles Bereiche, in denen die ZKR in der Vergangenheit bereits Hervorragendes geleistet hat und weiterhin zu leisten imstande wäre, auch ohne EU-Kommission. Die ZKR hat die geeignete, in Jahrzehnten gewachsene professionelle, mit weit geringerem Personalbedarf als die EU-Kommission zudem äußerst sparsam arbeitende Manpower. Sie ist international als Behörde für die Binnenschifffahrt in all ihren Aspekten anerkannt. Sie verfügt über weitreichende Verbindungen zu Politik, Verwaltung, Wirtschaft, Industrie, Medien und Öffentlichkeit in ganz Europa und weltweit. Wozu also eine Vereinbarung mit der EU-Kommission, die kaum Fruchtbares zur Arbeitsweise der ZKR wird beisteuern können, die nur gekommen ist um zu bleiben und von der ZKR Honig zu saugen – um sie schließlich zu vereinnahmen, zu zerschlagen, zu privatisieren oder ganz abzuschaffen?

Die in der Presseerklärung gegebene Information, die beiden Institutionen strebten durch „diese neue Form der Zusammenarbeit eine Optimierung der Effizienz ihrer jeweiligen Politiken in diesen Bereichen an", kommt vor diesem Hintergrund allenfalls eine Charakterisierung als überflüssig zu. Viele Köche verderben den Brei. Eine Optimierung der Effizienz der Politik der ZKR jedenfalls wird von Beobachtern in Straßburg und Brüssel einzig und allein in einer Fortsetzung der Arbeitsweise der ZKR wie bisher gesehen. Dazu bedarf es insbesondere keiner, wie es in der Erklärung weiter heißt, „besseren Abstimmung ihrer Prioritäten" und keiner „Einführung neuer gemeinsamer Bezugsstandards für ihre Regelwerke" – diese gänzlich der Professionalität der ZKR anzuvertrauen, würde vollauf genügen.

Eine solche Zusammenarbeit stellt nicht, wie die Erklärung weismachen will, einen „großen Vorteil für die Binnenschifffahrt dar", sondern die Vorboten einer vollkommen unnötigen Anleinung des Erfolgsmodells ZKR an die Brüsseler Bürokratie. Den in der Presseerklärung postulierten „kohärenten und effizienten Rahmen", den die Binnenschifffahrt brauche, um ihr „Potential voll ausschöpfen zu können", erhält sie nicht durch eine Gängelung der ZKR durch Brüssel, sondern nur dadurch, dass die ZKR auch künftig in Ruhe gelassen wird, in ihrem in zwei Jahrhunderten eingespielten Tun fortzufahren, zum Wohl der Binnenschifffahrt nicht nur auf dem Rhein, nicht nur in Europa, sondern mittlerweile in globalem Maßstab auf den Flusssystemen der Welt, an den die EU wahrscheinlich nie heranreichen können wird.

Privatisierungsobjekt TEN-T

Grundlage der Aktivitäten der Europäischen Union im Verkehrsbereich ist das Transeuropäische Netzprojekt – Verkehr (TEN-V oder von englisch: *Trans European Network – Traffic, TEN-T*). Die erste TEN-Prioritätenliste mit 14 Projekten wurde 1994 in Essen verabschiedet. Sie sollten vorrangig angegangen, Verwaltungs- und Gesetzgebungsverfahren beschleunigt und mithilfe gemeinschaftlicher Leitlinien schneller fertiggestellt werden. 1996 wurde diese Liste um 29 Projekte erweitert und 2004 von einer Arbeitsgruppe unter Leitung des ehemaligen Verkehrskommissars Karel van Miert auf 30 Projekte insgesamt eingedampft, die vom europäischen Parlament verabschiedet wurde. Von der Essener Liste waren noch fünf Projekte dabei.

Im Juni 2004 ging eine neue hochrangige Arbeitsgruppe an die Arbeit, diesmal unter Leitung der ehemaligen EU-Kommissarin Loyola de Palacio. Sie wollte die Verbindung der TEN-Projekte an die nationalen Verkehrsnetze der EU-Nachbarstaaten und unterschied fünf geographische Gruppen: Nord-Osteuropa, Süd-Osteuropa, westliche und östliche Mittelmeerregion sowie Schwarzes Meer.

Im selben Monat unterzeichnete die Europäische Kommission mit Albanien, Bosnien-Herzegowina, Kroatien, Mazedonien, Serbien und Montenegro Absichtserklärungen über die Entwicklung eines südosteuropäischen regionalen Kernverkehrsnetzes. Dessen Gesamtkosten schätzte der Bund für Umwelt und Naturschutz (BUND) e.V. damals auf über 16 Milliarden Euro. Schon damals kritisierte der BUND die seiner Ansicht nach „schlechte öffentliche Beteiligung an den Beratungen der Arbeitsgruppe".

Es habe zwar eine öffentliche Konsultation gegeben, aber der Kontakt zur Gruppe sei ungenügend. Es existierte zum Beispiel keine öffentlich zugängliche Liste über die Mitglieder der Arbeitsgruppe.

Als Zweck des Transeuropäischen Verkehrsnetzes wird immer angegeben, einen europäischen Binnenmarkt näher zusammen zu rücken. Dadurch hoffe man, den wirtschaftlichen und sozialen Zusammenhalt innerhalb Europas zu stärken. Bis 2020 sollen, so die Zielvorstellung, die einzelnen europäischen Regionen miteinander vernetzt und der Waren- und Personenverkehr erleichtert werden. Von Anfang an war klar, dass alle Verkehrsträger, 75.200 Kilometer Straßen, 78.000 Kilometer Eisenbahnstrecken einschließlich des europäischen Hochgeschwindigkeitsnetzes, 270 Seehäfen, 210 Binnenhäfen, über 14.100 Kilometer Binnenwasserstraßen, 330 Flughäfen und Umschlaganlagen für den Güterfernverkehr ebenso enthalten sein sollten wie Kombinationen davon wie die Vernetzung verschiedener Verkehrsträger im kombinierte Verkehr (KV), ein Verkehrsmanagement sowie Informations- und Navigationssysteme.

Kritiker des Konzeptes wie der BUND zeigten sich von Beginn an skeptisch. Sie fragten, ob das Konzept wirklich der Grundstein für das Zusammenwachsen Europas sein könne? Sie räumten eine Priorität für Eisenbahnprojekte und eine geringere Berücksichtigung der Straße ein, bezweifelten aber trotzdem die ausreichende Würdigung des Umweltschutzes.

So seien neben Eisenbahntrassen oder Wasserstraßen oft parallele Autobahnen geplant. Der BUND begründet seine Kritik hieran damit, dass dies eine bestmögliche Nutzung aller Kapazitäten behindere. Er lässt dabei allerdings unberücksichtigt, dass erst eine parallele Bereithaltung unterschiedlicher Verkehrsträger auch eine mittlerweile von der Fachwelt geforderte bedarfsgerechte Nutzung dieser für verschiedenartige Transportbedarfe durch die Verlader ermöglicht. Weitere Kritikpunkte sind eine angeblich zu große Geheimhaltung der Entscheidungsprozesse wie die Festlegung der Prioritätenliste. Fragen der Umweltverträglichkeit oder Nachhaltigkeit würden kaum berücksichtigt, obwohl sie in den Leitlinien ausdrücklich festgelegt wurden.

Dem hält die EU-Kommission unter Berufung auf eine 2003 durchgeführte Wirkungsanalyse entgegen, ihr Programm füge sich sehr wohl in die Ziele im Bereich der nachhaltigen Entwicklung des Europäischen Rats von Göteborg ein. Insgesamt werde die Realisierung des Netzes den CO_2-Ausstoß um vier Prozent und die Verschmutzung der Atmosphäre, insbesondere in empfindlichen Gebirgsregionen verringern. Staus im Straßenverkehr würden um 14 Prozent abnehmen und Zeitgewinne im Verkehr zwischen Regionen mit spürbaren Ersparnissen entstehen.

Diese Vorhaben würden überdies zur Stabilisierung des Verkehrsträgeranteils im *modal split*, also der Verlagerung der Transporte auf andere Verkehrsträger, beitragen oder diesen sogar zugunsten umweltfreundlicherer Verkehrsmittel auf internationalen Hauptachsen umkehren. Durch ihren Beitrag zur Förderung des Austausches zwischen den Mitgliedsstaaten und zur besseren Erreichbarkeit rechnet die Kommission damit, dass die Vorhaben im Übrigen ein zusätzliches Wachstumspotential von 0,2 bis auf 0,3 Prozent des Bruttoinlandproduktes (BIP) ermöglichen, was der Schaffung oder Erhaltung von einer Million dauerhaften Arbeitsplätzen entspräche.

So weit, so verkehrsfördernd. Der springende Punkt aber ist die Finanzierung der Projekte. Sie erscheint vielen zweifelhaft. Insgesamt seien die Projekte zu teuer. Bezeichnenderweise will die EU selbst nur einen kleinen Teil aus Mitteln der Struktur- und Kohäsionsfonds übernehmen. Die restlichen Mittel sollen die Länder selbst bereitstellen, vor allem durch PPP, Öffentlich-Private Partnerschaften (englisch: *public private partnerships*, PPP) als Fuß in der Tür zur gänzlichen Privatisierung, wie man annehmen muss. Rund 20 Prozent der Projektinvestitionen, so schätzt die Kommission, sollen von privaten Investoren kommen. Auch Strukturfonds und Kohäsionsfond konnten zur Finanzierung von TEN-V Projekten genutzt werden. Für die Mitgliedsstaaten, denen diese Mittel zur Verfügung stehen, ist bei Kofinanzierungsraten von bis zu 85 Prozent dieser Finanzierungsweg attraktiver als der TEN-Haushalt. Besonders beliebt sind laut BUND staatliche Anleihen, da mit ihnen das Projektrisiko beim Steuerzahler bleibt, mögliche Gewinne aber an den privaten Investor gehen. Damit aber verkäme das TEN-V-Netz gänzlich zu einem Übernahmeobjekt internationaler Heuschrecken-Fonds und Konzerne.

Das vom EU-Parlament 2004 beschlossene Konzept sieht für den Aufbau des gesamten TEN-Verkehrsnetzes bis 2020 Investitionen von mehr als 600 Milliarden Euro voraus. Der BUND fragt: „Wer soll das bezahlen?"

Das fragte sich beizeiten auch schon die Kommission. Um die Lücken auf Gemeinschaftsebene zu schließen, sah sie bei dem vom EU-Parlament bezifferten erheblichen Investitionsbedarf in diese Netze aufgrund mangelnder finanzieller Mittel und wegen der für Investitionen ungünstigen Rahmenbedingungen schon früh Finanzierungslücken für die Vervollständigung der Verkehrsinfrastruktur und in bestimmten Fällen der Energieinfrastruktur voraus.

Ein Hauptsorgenpunkt sind dabei die Verzögerungen, die die Kosten weiter in die Höhe treiben und zu denen auch Wünsche von Kritikern wie dem BUND nach größerer öffentlicher Beteiligung nicht unerheblich beitragen.

Schon 2001 hatte die Kommission in ihrem Weißbuch zur gemeinsamen Verkehrspolitik im Hinblick auf die Verzögerungen beim Aufbau des Netzes die Alarmglocken geläutet. In der Tat waren – trotz der Verpflichtung der Mitgliedstaaten beim Europäischen Rat in Essen 1994, 14 große Infrastrukturvorhaben schon bis 2010, d.h. bei Drucklegung dieses Buches vor drei Jahren, umzusetzen – Ende 2003 nur drei dieser Vorhaben abgeschlossen. Weniger als ein Viertel der notwendigen Investitionen für transnationale Verbindungen dieser Vorhaben wurden mobilisiert. Schon mit der seinerzeitigen Geschwindigkeit der Umsetzung bräuchte es noch mehr als 20 Jahre zur Realisierung des gesamten Verkehrsnetzes. Entsprechend wurden dann die Planungen 2004 revidiert.

Küstenkanal: Die Katze beißt sich in den Schwanz

Nach wie vor hapert es an der Umsetzung der Brüsseler Netzträume. Fast unterschlagen hätten dabei die Wasserstraßenstrategen in Berlin und Brüssel eine der wichtigsten Wasserstraßen Nordwesteuropas überhaupt: den Küstenkanal.

Das ist nicht ganz unverständlich, wird der Küstenkanal in seiner verkehrlichen Bedeutung doch allgemein häufig unterschätzt. Wenn man sich im Bekanntenkreis umhört, bekommt man oft zu hören: „Ich wusste gar nicht, dass es den Kanal überhaupt gibt." Er erfüllt zwar eine extrem wichtige Aufgabe als Verbindungsglied zwischen den deutschen Nordseehäfen mit dem norddeutschen Hinterland und weiter mit den Wirtschaftszentren an Rhein und Ruhr sowie zu den ZARA-Nordseehäfen in Benelux.

Aber mit Ausnahme seiner Kopfstation Oldenburg liegt entlang seinen Ufern keine größere Stadt, die über den Rang eines Mittelzentrums hinausginge, keine attraktiven Plätze, Sehenswürdigkeiten, Ausflugslokalitäten, Cafés oder ähnliches, das zum Verweilen einlüde, um wie beispielsweise am Nord-Ostsee-Kanal der täglichen Schifffahrt zuzusehen. Selbst die Schiffe, niedrig und geduckt, wie sie fast lautlos, zielbewusst, nicht räuchernd, heimlich still und leise, nur umwelt- und naturgerecht ruhig und etwas langweilig auf dem Küstenkanal ihres Weges vor sich hinzudümpeln scheinen, haben nichts von dem Duft der großen, weiten Welt, den die Ozeanriesen auf ihrem Abstecher durch Schleswig-Holstein verbreiten.

Dabei hat der Küstenkanal durchaus Substanz, mit der man handwerklich laut klappern könnte, um in den Machtzentren nicht überhört zu werden. Über ihn wird parallel zur deutschen Nordseeküste ein Großteil der Massengüter- und Containertransporte zwischen den Seehäfen mit Bremen und Bremerhaven an Unter- und Außenweser über die Hunte bei Oldenburg im Osten und dem Rheingebiet samt

Benelux über den Dortmund-Ems-Kanal (DEK) bei Dörpen im Westen abgewickelt. Der Küstenkanal ist eben eine Wasserstraße mit rein funktionalem Charakter. Aber wenn man, wie Thorsten Seiwald vom Wasser- und Schifffahrtsamt Meppen in einer Festschrift anlässlich des 75-jährigen Jubiläums des Kanals 2010 feststellt, über eine der vielen Brücken geht, stellt man fest: „hier ist Schifffahrt".[32]

Grundsatz des Küstenkanals: Mehr sein als scheinen. Dagegen ist kaum etwas zu sagen. Nur darf man sich dann auch nicht wundern, wenn man in den fernen Metropolen Berlin und Brüssel unter den Tisch fällt, wenn es darum geht, in die höchste Rangstufe internationaler Beachtung gehievt zu werden.

Es kam, wie es kommen musste. Beinahe wäre dieser Kanal nicht in das TEN-V-Programm der EU aufgenommen worden. Grund: Die EU-Kommission hatte 2011 im Vernehmen mit allen Beteiligten den Entwurf eines Konzeptes für transeuropäische Netze vorgelegt. Dazu konnte, wer dafür Subvention benötigte, seine Wasserstraßenprojekte melden. Ist eine solche Meldung erfolgreich und wird das gemeldete Projekt in das TEN-V-Programm aufgenommen, hat es als Verkehrsprojekt des Kernnetzes vorrangig Anspruch auf Kofinanzierung durch die EU. Auch der Küstenkanal wurde angemeldet und wäre auch zunächst in das Kernnetz aufgenommen worden.

Als aber das EU-Parlament gerade den von der EU-Kommission in Brüssel aufgrund der Meldungen erstellten Netzplan mit den dazugehörigen Projekten für das Kernnetz verabschieden wollte, kam aus Berlin die Kategorisierung für Ausbau und Unterhaltung des Wasserstraßennetzes in Deutschland. Dort hatte das Bundesverkehrsministerium den Küstenkanal nur als nachrangig zu unterhaltende Wasserstraße vorgesehen, was eine Berücksichtigung im Kernnetz der EU unmöglich machte. Nachdem ein erster Anlauf zur Priorisierung der Wasserstraßen 2011 am Widerstand vor allem im Haushaltsausschuss des Bundestages gescheitert war, legte das Bundesverkehrsministerium Mitte 2012 einen neuen Entwurf zur Kategorisierung der Wasserstraßen und zum Abbau der Wasser- und Schifffahrtsverwaltung vor. Tenor: nur Wasserstraßen mit hoher Transportfunktion sollen ausgebaut werden; ansonsten sollte gelten: Substanzerhalt, Substanzerhalt, Substanzerhalt.

Im neuerlichen Entwurf nach dem Railistics-Gutachten war auf Grundlage der auf bestimmten Wasserstraßenrelationen transportierten Gütermenge und der Wertschöpfung bestimmter Wirtschaftsregionen mit einer Hafeninfrastruktur sowie den Wasserstraßen der TEN-V-Richtlinie der EU das Wasserstraßennetz in ein Kernnetz, ein ergänzendes Kernnetz und ein Netz sonstiger Wasserstraßen eingeteilt worden *(s. Seite 31)*.

Wie die Dinge aufgrund der TEN-V-Richtlinie der EU lagen, konnte das Bundesverkehrsministerium gar nicht anders und musste von seinem Vetorecht zum Netzplan Gebrauch machen. Die EU-Abgeordneten hätten sich darüber zunächst hinwegsetzen können, wären dann aber wohl am EU-Ministerrat gescheitert; womöglich hätte der deutsche Verkehrsminister ihnen dann ihre eigene Richtlinie vorgehalten. Schließlich hätte in diesem Fall nach Artikel 172 des Vertrages von Lissabon[33] Deutschland wieder ein Vetorecht ausüben können. Leitlinien und Vorhaben der EU brauchen das Einverständnis des betroffenen Mitgliedslandes. Ein typisches Beispiel dafür, wie sich in Europa die Katze in den eigenen Schwanz beißt.

Ganz so, wie es immer wieder gern behauptet wird, Minister Ramsauer sei an allem schuld, ist es also nicht. Auch ein Minister in Berlin kann heute kaum etwas unternehmen, ohne sich an Vorgaben aus Brüssel halten zu müssen. Eine, wenn nicht die wesentliche Grundlage für die Entscheidung Ramsauers, den Küstenkanal herabzustufen, ist eben die TEN-V-Richtlinie von 2012 für das Kernnetz gewesen. Das entbindet Ramsauer nicht von seiner Mitverantwortung für die Kategorisierung, aber es entlastet auch die EU nicht.

Würde der Kanal aus der Kofinanzierung der EU als Teil des TEN-V-Kernnetzes herausfallen, stünde damit auch die Ausbaupflicht durch den Bund zur Disposition, wäre das für den Kanal selbst keine Katastrophe. Die Verlagerung der Transporte von der Straße, die offiziell eines der obersten Ziele gegenwärtiger und voraussichtlich auch künftiger Bundes- und Landespolitik ist, stünde jedoch damit auch wieder zur Diskussion. Der im Verkehrsministerium für Binnenschifffahrt zuständige Ministerial-Direktor Reinhard Klingen[34] drückt es so aus: „Ohne den Kanalbau wären die Autobahnen noch voller. Denn dann würde der Güterverkehr zwischen Ems und Weser vermehrt auf der Straße stattfinden müssen."

In puncto Sicherheit verursache die Binnenschifffahrt im Vergleich zu anderen Verkehrsträgern die geringsten Unfallkosten. Deswegen, so beteuerte Klingen 2010, investiere man „auch weiterhin in unsere Flüsse und unsere Kanäle". Klingen: „Wir wollen den Küstenkanal an den Bedarf seiner Nutzer ausrichten." Eine Zulassung auf längere Schiffe hält der Ministerialbeamte für möglich, man untersuche die Zulassung des Großmotorgüterschiffes.

Kurzum: Nun war also am Küstenkanal bei allen Beteiligten erst einmal Holland in Not – übrigens nicht nur sprichwörtlich: das benachbarte Holland und seine Binnenschiffsflotte sind mit Hauptnutznießer eines funktionierenden Küstenkanals. Die niederländische Verwaltung Rijkswaterstaat und die Provinzen Groningen und Friesland haben ein großes Interesse an einer Weiterentwicklung der DEK-Nordstrecke und des Küstenkanales.

Es gibt überdies zahlreiche Interessenten am Kanal, die nicht im unmittelbaren Einzugsbereich ihren Sitz haben. Insbesondere dann, wenn beispielsweise Teile des Mittellandkanals, der Mittelweser oder des DEK gesperrt sind und der Küstenkanal als Ausweichstrecke herhalten muss, treten diese in Erscheinung.

Zusätzliches Nutzungspotential für den Küstenkanal könnte sich ergeben, sollten Überlegungen Gestalt annehmen, das voraussichtlich auf viele Jahre hinaus bestehende Manko des Ende 2012 gerade neu eröffneten einzigen deutschen Tiefseehafens für Großcontainerschiffe der Panamax- und Postpanamax-Klasse, des Jade-Weser-Ports in Wilhelmshaven, über den Küstenkanal zu beheben. Aber auch so hat der Kanal international eine große Bedeutung. Er verbindet die ARA-Häfen mit der Weser. Während in ähnlichen Kanälen in den Niederlanden Abladetiefen von mehr als drei Meter und vier Lagen Container üblich sind, muss an der Grenze zu Deutschland erheblich geleichtert werden. Drei Lagen Container bis Dörpen und zwei bis nach Bremerhaven sind derzeit möglich. Seiwald geht davon aus, dass bei einer Erweiterung des Küstenkanals innerhalb kürzester Zeit größere Schiffe das Angebot nutzen.

Einigkeit macht stark, das zeigte sich nun auch am KüK. Die Front der Streiter für eine Aufnahme des Kanals in das TEN-V-Kernnetz der EU war riesengroß. Alle, Wirtschaft, Reeder, Politiker und Vertreter aller Parteien aus dem Nordwesten, kämpften in den Monaten bis zur Entscheidung der EU im Mai 2013 für die ihrer Ansicht nach so wichtige Wasserstraße – alle halfen mit, nur der BDB und sein Präsident Hötte ließen sich nicht vernehmen. BDB-Geschäftsführer Jörg Rusche: „Wir haben keine Initiative für den KüK ergriffen."[35]

Stattdessen begehrte aber der Nordwesten auf und „stemmte sich gegen die Reformpläne von Bundesverkehrsminister Peter Ramsauer (CSU)", berichtete die örtliche Presse[36] unter Hintanstellung der Verwicklungen auf EU-Ebene. Ramsauers Reformpläne hätten für den Küsten- und den Elisabethfehnkanal, Vorläufer- und heute Seitenkanal des Küstenkanals, fatale Folgen. Die ganze Region lief Gefahr, vom Wasserwegenetz und -tourismus abgekoppelt zu werden.

Im Cloppenburger Kreishaus beriet man beispielsweise damals heftig den Ersatzbau der Schleuse Osterhausen. An einer neuen Schleuse hängt die Zukunft des Elisabethfehnkanals. An dem kleinen, aber feinen Kanal liegen so bedeutende Industrieansiedlungen wie die international renommierte Jacht- und Bootswerft Siemer in Barßel. Sie baut Jachten und Boote etwa für die Wasserschutzpolizeien der Bundesländer[37]. Ohne den rund 2,1 Millionen Euro teuren Ersatzbau wäre die Wasserstraße von Booten nicht mehr vollständig zu passieren, Siemers Werft nicht mehr zu erreichen und Bootsneubauten nicht direkt über das Wasser in ganz Deutschland auslieferbar gewesen. Die Folgen für Siemer und andere Unternehmen etwa der Gastronomie, die bei Ausfall der Schleuse Bootsausflügler nicht mehr per Boot hätten erreichen können, wären unabsehbar gewesen.

Der Landkreis sollte also Fördermöglichkeiten ausloten. Der Bund hatte signalisiert, Mittel für den Neubau bereitzustellen, wenn es eine Kofinanzierung gäbe, sagte Landrat Hans Eveslage dem „General-Anzeiger" in Rhauderfehn zufolge. Das hatte auch bereits der CDU-Bundestagsabgeordnete Franz-Josef Holzenkamp angekündigt.

Die Diskussion um die beiden vom Bund wenig berücksichtigten Wasserstraßen in der Region hatte seinerzeit auch den SPD-Europaabgeordneten Matthias Groote aus Ostrhauderfehn auf den Plan gerufen, obwohl er „kein Fachpolitiker auf dem Gebiet" (Groote über Groote) sei. Dass ein Minister gegen Vorschläge der EU, die seinem Land direkt nutzen sollten, sein Veto einlegte, wollte Groote und vielen anderen, die die Vorgeschichte auf Seiten der EU nicht berücksichtigten, nicht einleuchten. Man hoffte auf ein Einlenken des Ministeriums aufgrund des öffentlichen Drucks.

Der war zusätzlich verstärkt worden, zumal sich nun auch Kammern und weitere Abgeordnete wie die Bundestagsabgeordnete Gitta Connemann (CDU) und Kommunalpolitiker wie die Bürgermeisterin der Gemeinde Edewecht, Petra Lausch öffentlich eingeschaltet hatten. Sie appellierten an den Bundesverkehrsminister, er möge seine Haltung in Sachen Küstenkanal überdenken, in der irrigen Annahme, die Herabstufung des KüK sei allein auf dem Mist des Hauses Ramsauer gewachsen.

Bewegung in die Sache kam aber erst, als die EU sich einschaltete, nachdem ich im November 2012 in Brüssel gewesen war. Und zwar hatte mich der Leiter des Wasser- und Schifffahrtsamtes Meppen, Holger Giest, einer der profiliertesten Verfechter der KüK-Interessen, seinerzeit dazu angehalten, meinen ohnedies in Sachen Donauausbau *(s. Seite 88)* geplanten persönlichen Besuch bei Cesare Bernabei in Brüssel für den KüK zu nutzen. Ich versprach, die Möglichkeiten einer Revision der Entscheidung gegen den Küstenkanal und für seine Beibehaltung im TEN-V-Kernnetz anzusprechen. Neben Bernabei und meiner Wenigkeit nahm auch der Politikkoordinator Häfen und Wasserstraßen in der EU-Generaldirektion GD Move (Mobilität und Transport), Marc Vanderhaegen, teil.

Bernabei ist Politikkoordinator „TEN und Investitionen" und Koordinator TEN-T-Vorzugsprojekte bei Move. Er und Vanderhaegen sind mithin die entscheidenden Männer fürs Grobe von EU-Binnenschifffahrtskommissarin Karla Peijs, wenn es darum geht, fundamentale Vorhaben der EU in Sachen Wasserstraßen in Deutschland entscheidungsreif zu klopfen. Bernabei zu mir: „Ihre Argumente zum Küstenkanal leuchten ein. Wir in der Kommission können keine Entscheidung fällen, das geschieht durch das Parlament. Aber wir werden bei den weiteren vorbereitenden Gesprächen vor allem auch im Trialog mit den Vertretern des Parlaments und der Ratspräsidentschaft gerne anregen, die weitere Berücksichtigung des Kanals im TEN-V-Kanalnetz zu prüfen."[38]

Nach einer letzten Verhandlungsrunde in dem von Bernabei angekündigten Trialog von irischer Ratspräsidentschaft, EU-Kommission und dem Vertreter des Verkehrsausschusses des EU-Parlaments sowie parallel geführten Gesprächen mit Vertretern des Bundesverkehrsministeriums wurden die Wünsche für den transeuropäischen Netzplan samt Küstenkanal sodann von Kommission und EU-Parlament genehmigt.

Dass jetzt auf europäischer Ebene der Küstenkanal, aber auch der Mittellandkanal samt Stichkanal Osnabrück, als fester Bestandteil der neuen transeuropäischen Netze aufgenommen wurde, wird von den Streitern als „Sieg der Vernunft" gefeiert. Die „Nordwest-Zeitung" in Oldenburg[39] zitierte Groote mit den Worten: „Es wäre als Treppenwitz in die Geschichte der europäischen Politik eingegangen, wenn ein Bundesminister die mögliche Ausbauförderung von deutschen Wasserstraßen durch die EU durch sein Veto verhindert hätte." Diese Lobby-Arbeit für die wichtige Verkehrsader scheint sich, wie der Berichterstatter der NWZ nicht zu Unrecht meint, ausgezahlt zu haben.

In der Tat hätte dem künftigen Kernnetz ein wesentliches Stück gefehlt, wäre der Küstenkanal zwischen Dortmund-Ems-Kanal und Hunte nicht dafür berücksichtigt worden, zumal die lange Geschichte und die wirtschaftliche Bedeutung des Kanals diese Entscheidung rechtfertigt.

Der Küstenkanal wurde am 28. September 1935 für die Schifffahrt freigegeben. Zunächst war er wie die meisten der in diesem Gebiet gezogenen Kanäle zur Entwässerung der Moorgebiete gedacht, zusammen mit dem Abtransport des dort gestochenen Torfes. In der Folge gab es zahlreiche neue Siedlungen und damit zunehmenden Bedarf an Gütern und deren Ab- und Antransport entlang der Strecke.

Ursprünglich war der Kanal für das 600 Tonnen-Schiff gebaut. Nach einigen Ertüchtigungen in den 50er und 60er Jahren des vorigen Jahrhunderts wurde er auch für das Europaschiff mit 1.350 Tonnen Ladevolumen freigegeben, zwischen Hundsmühlen (Kilometer 5,37) und Kampe (Kilometer 27,36) jedoch nur im Richtungsverkehr. Soll dereinst der Kanal seine Funktion als Glied im künftigen TEN-V-Kernnetz bestimmungsgemäß voll erfüllen können, wird er nach Ansicht vieler Fachleute langfristig dem Großmotorgüterschiff angepasst werden müssen.

Es haben sich zahlreiche Umschlagstellen entlang des gesamten Kanals entwickelt; in Surwold ist ein Sportboothafen entstanden. Mit Papier, Zellulose und Torf werden Güter auf Weltklasseniveau verschifft.

Als bisher letzte Neuerung ist seit 2006 dank einer gemischtfinanzierten Brückenhebung dreilagiger Containerverkehr zwischen dem DEK und Dörpen möglich. 2007 wurde mit dem c-Port ein völlig neuer Hafen gebaut. Die Wasser- und Schifffahrtsverwaltung arbeitet an einem Konzept, die Verhältnisse vor Ort zu verbessern, um eine leistungsfähigere Verbindung der Wasserstraßen DEK und Hunte herzustellen. Durch den beendeten Ausbau der Hunte und der geplanten Ertüchtigung der DEK-Nordstrecke zwischen Bevergern bis Gleesen werden die Wasserstraßen vor und hinter dem Küstenkanal für das Großmotorgüterschiff vollständig gerüstet und damit die Rahmenbedingungen für den Küstenkanal deutlich verbessert.

Durch die Entwässerung der Moorgebiete im Zusammenhang mit dem Torfabbau entstanden zahlreiche neue Siedlungen an Stellen, an denen vorher daran nicht zu denken war. Nach dem Transportgut der ersten Stunde, dem Torf, entwickelte sich später durch die Besiedlung ein zusätzlicher Bedarf an Futtermitteln und Baustoffen. Der Torf wurde am jetzigen Elisabethfehnkanal weiterverarbeitet zu Koks, der ebenfalls als Transportgut weiterverschifft wurde. So kam durch die Besiedlung und die Steigerung des überregionalen Güterverkehrs eine Entwicklung in Gang, die bis heute dem Kanal Bedeutung gibt.

Der letzte Entwicklungssprung im Gütertransport setzte mit dem Siegeszug der Container ein. Für 2004 wurde eine Streckenbelastung mit Containern auf dem Küstenkanal zwischen Oldenburg und Dörpen von 5.756 TEU ermittelt. Für das Jahr 2025 wurden schon damals weit über 10.000 TEU erwartet und damit fast eine Verdoppelung der zuvor beförderten Menge.

In Dörpen hat man rechtzeitig auf diesen Trend gesetzt. Das dort errichtete Güterverkehrszentrum hat seit seiner Gründung ein stetes Wachstum erfahren. Wurden 2009 hier noch 16.500 TEU umgeschlagen, so hat sich diese Menge nach aktuellen Schätzungen mittlerweile fast verdoppelt. Insgesamt wird sowohl mit den Containern als auch mit den übrigen Produkten ein weiteres Wachstum erwartet.

Die über den Kanal transportierten Güter haben sich nicht nur in der Zusammensetzung geändert, sondern auch in der Menge. Unter dem anhaltenden Druck der Wirtschaftlichkeit mussten sich auch die Schiffsgefäße im Laufe der Jahre verändern. Sowohl die Zahl der Schiffe als auch die transportierten Gütertonnen haben sich Seiwald zufolge seit dem Bau des Kanals enorm erhöht. Der Kanal in seinem ursprünglich gebauten Profil musste angepasst werden. Nachdem der Küstenkanal seit 1935 in etwa der heutigen Wasserstraßenklasse II entsprach, erfolgten mehrere Ausbauten. Seit 1971 wurde der Kanal jedoch baulich nicht mehr verändert.

Heute ist der Kanal nach Wasserstraßenklasse IV klassifiziert, erfüllt aber nicht alle Randbedingungen dazu. Die Folge sind Restriktionen für die Schifffahrt entlang der Strecke bezüglich Begegnung und Geschwindigkeit. So besteht für Fahrzeuge über 8,70 Meter Breite oder 2,15 Meter Abladetiefe ein Begegnungsverbot auf fast einem Drittel der Länge der Kanalstrecke. Deswegen wurden hier fünf Ausweichstellen eingerichtet, an denen die Schifffahrt gegebenenfalls auf freie Fahrt warten muss. Das Regelschiff auf der Strecke zwischen Dörpen und Oldenburg ist 85 Meter lang, 9,50 Meter breit und hat eine Abladetiefe von 2,50 Metern.

Auf einer Teilstrecke vom Dortmund-Ems-Kanal bis Dörpen sind Schiffe mit den Maßen 95 mal 9,60 mal 2,70 Meter zugelassen, mit Sondergenehmigung einzelfallbezogen auch größere Schiffe.

Einen interessanten Einblick in den Baubedarf am Küstenkanal und damit in die Berechtigung der Wiederaufnahme in das TEN-V-Kernnetz der EU gibt Holger Giest vom WSA Meppen[40]. Im Wasserstraßennetz der Bundesrepublik Deutschland ist Giest zufolge ein Großteil der Wasserstraßen für das Großmotorgüterschiff (GMS) ausgebaut, verbleibende werden dafür angepasst. Am Küstenkanal liegt der Kanalquerschnitt zwischen Kampe und Hundsmühlen deutlich unter dem der Wasserstraßenklasse IV.

Das Europaschiff kann sich in Teilstrecken nicht begegnen und die Zulassung des GMS ist ausgeschlossen. Um dies zu ändern, sind bauliche Anpassungen erforderlich. Diese müssen sich allerdings am Maßstab der Wirtschaftlichkeit orientieren.

Der Küstenkanal liegt im Übrigen aufgrund seiner Wasserscheide bei etwa 7,7 Kilometer westlich der Schleuse Oldenburg voll auf Linie der durch die EG-Wasserrahmenrichtlinie (EG-WRRL) verfolgten nachhaltigen Wasserpolitik mit den Zielen

- Schutz und Verbesserung des Zustandes der aquatischen Ökosysteme
- Langfristiger Schutz vorhandener Wasserressourcen
- Schutz der Bevölkerung vor Überschwemmungen und Dürren sowohl in den Flussgebietseinheiten „Weser" und „Ems".

Die EU-Mitgliedsstaaten werden in der EG-WRRL verpflichtet, für alle Oberflächengewässer bis zum Jahr 2015 einen „guten ökologischen Zustand", der in erster Linie auf die Vielfalt vorhandener Pflanzen- und Tierarten ausgerichtet ist, zu erreichen. Vorausgesetzt werden dabei eine naturnahe Gewässerstruktur und die Einhaltung chemischer Emissions- und Immissionsgrenzwerte.

Diese Anforderungen sind für künstlich geschaffene Gewässer wie die Bundeswasserstraße Küstenkanal analog zu natürlichen Fließgewässern nicht zu erfüllen, da in der Kanalhaltung die Rahmenbedingungen für eine Fließgewässerentwicklung wie eine ausreichende Fließgeschwindigkeit, Vorhandensein eines Sohlsubstrates und eventueller Verzicht auf die Schifffahrtsfunktion nicht gegeben sind. Daher hat die EG-WRRL für künstliche Gewässer die Ziele mit Erhalt bzw. Schaffung eines „guten ökologischen Potenzials" formuliert.

Das ökologische Potential des Küstenkanals aber wird nach den niedersächsischen Beiträgen für die Bewirtschaftungspläne der Flussgebietsgemeinschaften Weser und Ems derzeit als mäßig eingestuft. Lediglich der chemische Zustand der durch die EG-WRRL vorgegebenen Umweltqualifikationsnorm ist eingehalten.

Unterm Strich kommt die Einstufung des Küstenkanals als Teil des TEN-V-Kernnetzes keine Sekunde zu früh, seine Einbeziehung muss man als wichtigen, unerlässlichen Schritt der EU für Europa betrachten. Der Küstenkanal weist trotz Wirtschaftskrisen stabile Verkehrszahlen auf. Auch Schiffe mit Übergröße, die eine Sondergenehmigung benötigen, verkehrten regelmäßig. Dank dem entschiedenen Einsatz vor allem der Lokalpolitiker scheint damit zunächst wenigsten die Fortsetzung dessen gelungen, was vorangegangene Generationen weitsichtiger Politiker des Staates Preußen in Bezug auf die Zukunftsfähigkeit des Kanals bereits vor hundert Jahren und mehr vorausdachten. Sie bauten den Kanal ohne zu wissen, wie er sich in hundert Jahren entwickeln würde, und legten damit einen Grundstein zur weiteren prosperierenden Entwicklung der gesamten Region.

Ein solches Meisterwerk vorausschauender Staatsfür- und -Vorsorge, die ganz Europa nutzen, aufgrund von Richtlinien, die am grünen Tisch in Brüssel entworfen und in Berlin nicht einmal zwei Jahre nach den Sätzen Klingens in selbstvergessener Nibelungentreue gegenüber der Obrigkeit in Brüssel erfüllt werden sollten, dem Verfall zu überantworten – das wäre nicht nur ein Treppenwitz der Geschichte, sondern eine menschliche, umweltpolitische und naturfeindliche Katastrophe ersten Ranges. Die Gefahr dafür besteht gleichwohl weiter, solange die EU nicht von ihrer Privatisierungs- und Zerschlagungsideologie ablässt.

Donau: Viel Geld für eine vertane TEN-Chance

Ein weiteres Beispiel in der Reihe der auch auf EU-Ebene vertanen Chancen zur Ausbildung eines transeuropäischen Verkehrsnetzes stellt der Ausbau der Donau in Bayern dar. Unter anderem regionalpolitisch bedingt, wurde der Ausbau immer wieder hinausgeschoben. Ein bewährtes Stilmittel für die Verzögerungen waren immer wieder neu in Auftrag gegebene Studien.

Während der gesamten Laufzeit der Studie verstummte nicht Kritik, es lägen genügend Untersuchungen zum Ausbau der Donau zwischen Straubing und Vilshofen vor, dieser Flussabschnitt sei der am meisten untersuchte weltweit. Allerdings war ein erheblicher Teil der vorhandenen Daten mittlerweile veraltet, Untersuchungsmethoden inzwischen verbessert worden und der Bewertungsrahmen, insbesondere die Umweltgesetze, hatten sich deutlich verändert.

Die bislang letzte Studie wurde 2012 abgeschlossenen. Sie hatte 33 Millionen Euro gekostet, war, um die Gegner zu besänftigen, betont variantenunabhängig durchgeführt und von der EU zur Hälfte bezuschusst worden. Ursprünglich gehört auch der bayerische Donauabschnitt zu den vorrangigen Projekten des europäischen TEN-T-Netzes. Der Freistaat beteiligte sich mit dem in den Donauverträgen vorgesehenen Drittel an den verbleibenden Kosten, insgesamt mit gut 5,5 Millionen Euro. Die Untersuchungen dauerten drei Jahre.

Ihren Anteil hätte sich die EU sparen können. Oder, noch besser, gleich als Druckmittel für den Ausbau nach Variante C 2,80 verwenden können, wie sie es nachher, als sowieso nichts mehr zu retten war, auch noch versuchte. Die Variante C 2,80 wird von Teilen der Wirtschaft, der Binnenschifffahrt sowie der CSU und FDP, Variante A von Ausbaugegnern bevorzugt.

Gleichwie: die Studie zeigte einmal mehr die professionelle, durch nichts zu beanstandende, von allen Seite und selbst ihren Gegnern anerkannte Arbeitsweise der WSV und hier der federführend damit beauftragten WSD Süd in Würzburg unter ihrem Präsidenten Detlef Aster. Nicht nur, dass die Untersuchungen diesmal in Planfeststellungstiefe erfolgten, das heißt, die Ergebnisse könnten auch in einem möglichen Planfeststellungsverfahren herangezogen werden und somit den weiteren Vorbereitungslauf bis zu einem Baubeginn wenigstens in dieser Beziehung nicht unwesentlich abkürzen.

Die Studie wurde zudem in einer bislang nicht dagewesenen Transparenz und Einbindung von Öffentlichkeit und betroffenen Bürgern und Kommunen durchgeführt. Noch unter der rot-grünen Bundesregierung bis 2005 war es den Mitarbeitern der WSV strikt verboten, gegenüber Dritten sich eingehender zum Thema zu äußern. Eine Strategie der proaktiven Öffentlichkeitsarbeit, wie sie von Aster und seinen Kollegen zumal im Verlaufe der Jahre 2011 und 2012 verfolgt wurde, wäre unter den Vorgängern Ramsauers schlicht undenkbar gewesen.

Besondere Bedeutung hatte die Projektorganisation der Studie. Sie war ressortübergreifend angelegt und sollte so ein transparentes Verfahren sicherstellen. Man hatte von Anfang an großen Wert darauf gelegt, die Neutralität der Untersuchungen sicherzustellen. Deswegen wurde die über jeden Verdacht variantengebundener Voreingenommenheit erhabene Arbeitsebene von der WSD Süd mit der Federführung der Studie betraut. In der Monitoring-Gruppe begleiteten zudem Vertreter der Umweltverbände sowie von Schifffahrt und Wirtschaft paritätisch die Untersuchung. Die umfassende Information dieses Gremiums und die Beteiligung bei allen Entscheidungen stellte ein weiteres echtes Novum dar.

In der Lenkungsgruppe arbeitete man nicht für oder gegen eine bestimmte Variante. Mit der breit angelegten Projektorganisation unter

Einbeziehung des gesamten Sachverstandes aller Bundes- und Landesbehörden und der Einbindung aller Interessenvertreter von Beginn der Studie an beging man einen innovativen Weg und wollte eine kreative Antwort auf den verbreiteten Wunsch nach mehr Öffentlichkeit und Transparenz in den Planungs- und Prüfungsprozessen für neue große, umweltrelevante Verkehrsanlagen geben.

Gerade für Bayern war es dabei von großer Bedeutung, dass objektive und ausgewogene Entscheidungsgrundlagen erarbeitet würden. Lange Zeit befürwortete die bayerische Regierungskoalition von CSU und FDP noch den Ausbau der Donau mit dem Ziel, unter Berücksichtigung der ökologischen Belange die Nutzung dieser wichtigen Strekke des Transeuropäischen Verkehrsnetzes für die Binnenschifffahrt zu verbessern.

Da die Koalitionspartner sich hinsichtlich der Ausbauvariante jedoch nie einig wurden, hatte man bereits im Koalitionsvertrag vereinbart, eine Entscheidung erst später auf Grundlage der Ergebnisse der EU-geförderten Studie zu treffen; dabei war vielen Beobachtern schon damals klar, dass die CSU diese Frage nie zu einer Nagelprobe gegen den kleineren Koalitionspartner nutzen würde.

Als von entscheidender Bedeutung für die politische Bewertung wurde von den politisch Verantwortlichen in München neben den Ergebnissen der Studie im Übrigen die Verkehrsprognose und Wirtschaftlichkeitsuntersuchung angesehen, die parallel zur Studie durchgeführt wurde. Hierauf hatte gerade die bayerische Verkehrspolitik besonderen Wert gelegt, da sie eine Entscheidung über einen Donauausbau ohne Kenntnis realistischer Verkehrspotenziale nicht für möglich hielt.

2013 wurde der Donauausbau faktisch zu Grabe getragen, als aus politischem Kalkül die bayerische Staatsregierung sich auf eine Übergangsregelung hinauswand. Danach soll der Ausbau in den Bereichen erfolgen, bei denen die beiden Varianten A als die von Grünen und organisierten Naturschützern favorisierte und C 2,80 als die von der Wirtschaft für unabdingbar gehaltene nahezu deckungsgleich sind.

Angesichts des ganzen landes- und bundespolitischen Gezänks stellten sich Beobachter zunehmend die Frage, warum sich die EU als einer der Hauptfinanziers der Studie und Hauptnutznießer für ihr TEN-V-Projekt so zurückhaltend verhielt. Einen schwachen Hoffnungsschimmer, die EU könnte sich vielleicht doch noch zu Wort melden, war ein Jahr zuvor noch aufgeglimmt, als EU-Kommissar Johannes Hahn[41], zuständig für die Regionen, Mitte März 2012 in Wien auf dem zweiten „Barge to Business"-Kongress einen eindringlichen Appell an alle Donau-Anrainerstaaten zu größeren Anstrengungen beim Ausbau der Donau zu einer durchgängigen Wasserstraße zwischen „Schwarzem Meer und Schwarzwald" richtete.

Doch Reinhard Vorderwinkler, der in Vertretung der österreichischen Ministerin für Transport, Innovation und Technologie Doris Bures gekommen war, beschwichtigte sogleich daselbst. Es gehe eben nicht so schnell, man müsse auf die Belange von Umweltschutz, Naturschutz und Menschen Rücksicht nehmen.

Auch meine Demarche im November 2012 bei Cesare Bernabei von der GD Move in Brüssel war nicht erfolgreich gekrönt *(s. Seite 79)*. Bernabei: „Mehr als unsere Bereitschaft bekunden, einen Ausbau nach Variante C 2,80 zu kofinanzieren, können wir nicht. Da sind uns die Hände gebunden. Entschieden wird in den Nationalstaaten. Wir sind sicher, dass man dort eine kluge Entscheidung treffen wird."

Geistesstörung bei Marktstörung

Ganz im Sinne ihrer Privatisierungsideologie ist, wie wir bereits sahen, der EU wichtiger als jedes Funktionieren von Netzen das Funktionieren des Wettbewerbes.

Eine der Hauptfunktionen der EU und ihrer Kommission ist schon aus Zeiten der Vorgängerorganisation Europäische Gemeinschaft (EG) und noch früher, wo es auch im Namen am deutlichsten wird, der Europäischen Wirtschaftsgemeinschaft (EWG), die Überwachung der freien Wirtschaft und damit der Funktionen eines freien Marktes in ihrem Machtbereich. Das gilt zumal für die in ihre für den freien Handelsverkehr eingerichteten Infrastrukturen und Verkehrswege.

Damit diese einwandfrei funktionieren können, überwacht die EU und ihre dafür eingerichteten Institutionen der Kommission, dass sich das freie Spiel des Wettbewerbes im Rahmen der gesetzten Regularien entfalten kann. Dazu gehört, dass sie eingreift, wenn es an irgendeiner Stelle hakt, wenn es also zu Störungen des Marktes kommt. Ein zweischneidiges Schwert für die EU-Kommission, da sie die Bedeutung des Begriffes Wettbewerb überspannt.

Sie will Wettbewerb um jeden Preis und würde ihn wahrscheinlich auch noch als hehres Prinzip hochhalten, wenn schon alle Marktteilnehmer vom Markt verschwunden wären. Deswegen hat sie sich innerhalb von fünf Jahren gleich zweimal standhaft geweigert, im Bereich der Verkehrsträger tiefgreifende Marktstörungen festzustellen. Die im Sinne der Väter für solche Fälle eingerichteten Notfallinstrumente wurden von ihr nicht eingesetzt und nicht ihrer Zweckbestimmung zugeführt.

Einer der Branchenvertreter, die sich hier allergrößte Verdienste erworben haben, obwohl er letztlich an den Wänden der EU-Prinzipienreiterei scheitern musste, ist der ehemalige Präsident des BDB, Dr. Gunther Jaegers, Chef der gleichnamigen Duisburger Tankschifffreederei. Jaegers hatte beizeiten auf die Störungen des Binnenschifffahrtsmarktes hingewiesen. Unter anderem richtete er auf dem von mir initiierten und geleiteten Ersten Mainzer „Forum Binnenschifffahrt" der Fachzeitschrift „Binnenschifffahrt" und des Hamburger Schifffahrtsverlages „Hansa" mit großem Echo in der Fachwelt einen dringenden Appell an die EU-Kommission, endlich die schwerwiegende Marktstörung in der Binnenschifffahrt, hervorgerufen durch die Wirtschaftskrise 2008 und 2009, festzustellen.

Alle seine Bemühungen waren letztlich vergebens, so dass er im Sommer 2012 anlässlich einer gemeinsamen Donaubereisung der WSD Süd zu mir resigniert sagte: „Das war's. Ich werde mich in Sachen Marktstörung in der Tankschifffahrt nicht mehr engagieren. Ich bin dermaßen enttäuscht von der EU."

Schlechte Zeiten für monomodale Reeder

Reedereien, die wie die Tankschiffreederei Jaegers monomodal der Binnenschifffahrt die Treue halten, sind besonders schlecht gestellt. Sie setzen fast ausschließlich auf den Transportträger Schiff. Mit einer Flotte von rund 170 Schiffen zwar Marktführer bei Binnentankschiffstransporten in Europa, bekennt sich die Reederei eindeutig zum Transportträger Schiff, ohne Wenn und Aber.

Genau das wird für sie jedoch immer mehr zu einem *Va-banque*-Spiel angesichts der sich zunehmend verschlechternden Ausgangssituation auf den europäischen Binnengewässern. Ein Banker sagte mir: „Ich habe nie verstanden, dass eine Reederei wie Jaegers sich so einseitig auf das Transportmittel Schiff versteift, während andere, multimodal aufgestellte Reedereien allein aufgrund der dadurch möglichen Verkehrsmittelflexibilität die Partikuliere in der Hand haben – und besser wirtschaften", sprich: die Frachtraten drücken können.

Der daraus resultierende Mangel an Flexibilität in den Frachtverhandlungen machte sich besonders 2012 im Zuge der wieder den Kopf hebenden Wirtschaftskrise und des vergeblichen Versuches bemerkbar, die EU zum Anerkenntnis einer schweren Marktstörung in der Nassschifffahrt und in der Folge zu einer Freigabe von Fondsmitteln zu deren Linderung zu bewegen.

Knapp 50 Millionen Tonnen Güter wurden im Jahr 2011 mit Tankschiffen auf deutschen Flüssen und Kanälen transportiert, vornehmlich Kraftstoffe, Gas-, Diesel-, Heizölprodukte sowie sonstige Mineralölerzeugnisse und chemische Produkte.

Die Tank- und Chemieschifffahrtsunternehmen in Europa befinden sich 2011/2012 in ihrer schwersten Krise seit Existenz der Branche. So lautete kurz gefasst die Beschreibung der Marktsituation, die Jaegers am 19. September 2012 in der jährlichen Tankreederversammlung im „Haus Rhein" in Duisburg präsentierte. Jaegers zu mir damals: „Das Jahr 2012 war das schlechteste, das ich jemals in meiner Karriere als Binnenreeder erlebt habe."

Während die Eigner von häufig bereits abbezahltem Einhüllenschiffsraum „gerade so" (O-Ton BDB) über die Runden kamen, sorgten die extrem niedrigen Frachtraten in Kombination mit den enorm angestiegenen Treibstoffkosten dafür, dass ein wirtschaftlich auskömmlicher Betrieb eines Doppelhüllentankschiffes damals nicht möglich ist. „Die Unternehmer, die die Investition in diesen modernen Schiffsraum getätigt haben, leben von der Substanz und haben zum Teil gewaltige Probleme, ihren Kapitaldienst zu leisten", so Jaegers.

Für diese Marktsituation verantwortlich hält Jaegers den Neubau-Boom an Doppelhüllenschiffen in den letzten Jahren. Spätestens ab Ende 2018 dürfen nahezu sämtliche im Gefahrgutregelwerk ADN genannten Produkte europaweit nur noch in Doppelhüllenschiffen transportiert werden. Das Problem sei, so Jaegers, dass bis zu diesem Zeitpunkt viele der alten Einhüllenschiffe im Rahmen von Übergangsbestimmungen im Markt verbleiben. Dies sei grundsätzlich keine überraschende Entwicklung. „Ich hatte bereits 2006 Sorge, dass Eigner von Einhüllenschiffen bis zum Auslaufen der Übergangsbestimmungen des ADN ihr Schiff in der Fahrt halten", so Jaegers.

Er habe deshalb bereits damals vor den drohenden erheblichen Verwerfungen in der Branche gewarnt und im europäischen Binnentankschifffahrtsgewerbe für eine Art Prämie für das Austauschen des Einhüllenschiffsraumes geworben. Dies hätte aus den Geldern des

Gewerbes im europäischen Reservefonds *(s. Seite 98)* finanziert werden können. Leider sei dies seinerzeit am Widerstand niederländischer Vertreter gescheitert, die vornehmlich die Interessen der bereits bestehenden Doppelhüllenschiffe im Visier hatten, erklärte Jaegers.

Die Marktsituation hat nun auch einen dramatischen Werteverfall beim Doppelhüllenschiffsraum zur Folge: „Ein 110-Meter-Schiff, das in Boom-Zeiten für deutlich über sechs Millionen Euro angeschafft wurde, kann heute für weniger als vier Millionen Euro erworben werden", rechnet Jaegers vor. Nach seiner Einschätzung verfügt der Markt über rund 30 Prozent mehr Kapazität, als benötigt werde; Einhüllenschiffsraum macht in Europa noch rund 32 Prozent der Flotte aus. Ob der europäische Markt insgesamt nach Auslaufen der Übergangsbestimmungen des ADN, also ab Anfang 2019, über ausreichenden Doppelhüllenschiffsraum verfügt, lässt sich derzeit nicht prognostizieren. Keine verlässliche Aussage lässt sich zudem zur Zahl der drohenden Insolvenzen aufgrund dieser historisch schlechten Marktsituation treffen. Rund 80 Prozent der Flotte befindet sich in der Hand von Einzelunternehmern, Partikulieren, die an Bord ihres Schiffes ihr Geld verdienen. Jaegers: „Hier sind Insolvenzen unvermeidbar."

Das Datum 2018 mit dem Auslaufen der Übergangsbestimmungen des ADN hat für die Tankreeder den Charakter eines kleinen Silberstreifs am Horizont. Dann seien der Einhüllenschiffsraum und vermutlich einige Marktteilnehmer vom Markt verschwunden.

Für Jaegers ist es „Galgenhumor", dass ausgerechnet diese Perspektive für die Europäische Kommission Anfang des Jahres 2012 der Grund war, erhebliche Zweifel an einer schweren Marktstörung im Sinne der einschlägigen europäischen Regelwerke zu äußern, was den Weg für eine europaweite Abwrackmaßnahme von altem Schiffsraum geöffnet hätte. Denn für eine Marktstörung wäre laut EU-Kommission Voraussetzung, dass „mittelfristige Prognosen keine deutliche und dauerhafte Besserung des Marktes erwarten lassen".[42] Das böse Wort von der „leichten Geistesstörung bei der EU-Kommission angesichts der schweren Marktstörung in der Binnenschifffahrt" macht mittlerweile die Runde.

Dürre in der Trockenschifffahrt

Der Trockenschifffahrt ging es kaum besser. Die Wirtschaftskrise hatte in der EU-Binnenschifffahrt zu einer drastischen Verminderung des Ladungsangebots geführt – mit beträchtlichen wirtschaftlichen Verschlechterungen für das Gewerbe durch das Sinken der Frachten. Der damalige Präsident der Europäischen Binnenschifffahrts-Union (EBU), Philippe Grulois rief auf der Jahresversammlung 2009 seines Verbandes in Bonn[43] die Europäische Union auf, Maßnahmen zur Bekämpfung der Folgen der Wirtschaftskrise für die Binnenschifffahrt zu treffen. Das Transportaufkommen hänge eng mit der wirtschaftlichen Entwicklung zusammen, so Grulois.

In den ersten Monaten 2009 waren Grulois zufolge in den meisten Binnenschifffahrtsstaaten Ladungsrückgänge bis zu 30 Prozent im Vergleich zum Vorjahr zu verzeichnen. Dabei lag der Rückgang in einigen Marktsegmenten wie Erz- und Kohlentransporte sowie der Beförderung chemischer Güter noch höher. Auf diese drastischen Rückgänge habe man bereits im Frühjahr desselben Jahres in einem Schreiben an den Vizepräsidenten und Kommissar für Transport der Europäischen Kommission, Antonio Tajani, hingewiesen.

Laut BDB sank die Beförderungsleistung auf deutschen Flüssen und Kanälen im ersten Quartal 2009 um knapp 25 Prozent auf 12 Milliarden Tonnenkilometer im Vergleich zum Vorjahreszeitraum. Die transportierte Menge ging dabei um über 19 Prozent zurück.

Dem Ladungsrückgang stand eine deutliche Zunahme beim Laderaum in den vergangenen Jahren gegenüber. Dies habe zu einer Überkapazität geführt, woraus sich in den Augen der EBU der Rückgang des Ladungsaufkommens als „Dimension des Ungleichgewichtes" (Grulois) darstellte. Die größten Einbußen gab es laut BDB in den Produktgruppen Eisen und Nichteisenmetalle, Erze, Metallabfälle, Düngemittel sowie Steine und Erden. Auch der Containerverkehr verzeichnete demnach im ersten Quartal 2009 einen Rückgang von über 25 Prozent auf 415.000 TEU. Eine konjunkturelle Erholung sah der nicht.

Dass es damals nicht die Absicht der EBU war, auf einen Kapazitätsabbau hinzuwirken, sondern man ganz im Gegenteil die Flottenkapazität aufrechterhalten wollte, hatte seinen Grund darin, dass niemand in die Zukunft blicken kann. So rechnete man damit, dass die Konjunktur wie früher auch in absehbarer Zeit wieder anspringen würde, und „dann jedes Schiff gebraucht" werde, so Grulois.

Auf der anderen Seite wünschte man sich bis dahin akzeptable Frachtraten. Um den Folgen der Krise die Stirn bieten zu können, forderte die EBU sofortige unterstützende Maßnahmen zur Unterstützung der Binnenschifffahrt von Europäischer Kommission und EU-Mitgliedstaaten wie Investitionen in die Infrastruktur, Vermeidung und Verringerung administrativer Lasten, Verringerung finanzieller Lasten wie beispielsweise Hafengelder und Steuern, Unterstützung der Binnenschifffahrt zur Überbrückung der schwierigen finanziellen Situation, z. B. mit Unterstützung der Europäischen Investitionsbank (EIB).

Ausdrücklich wies der EBU-Präsident auf die große Bedeutung der Binnenschifffahrt in Hinblick auf die beabsichtigte zukunftsfähige Gestaltung der europäischen Verkehrspolitik hin. Der Verkehrsträger Binnenwasserstraße verfüge als einziger Verkehrsträger noch über die notwendigen Kapazitäten, um ein Vielfaches des heutigen Verkehrsaufkommens zu bewältigen.

Er biete aufgrund seines umweltfreundlichen und energieeffizienten Charakters konkrete Ansätze zur Milderung der Folgen der Umweltbelastung durch den Verkehr. Nicht ohne Grund trug der damalige EBU-Geschäftsbericht den Titel *„Inland navigation – greening transport"* – kurz: nur unter voller Ausnutzung der Wasserstraßen wären Zielsetzungen der europäischen Verkehrspolitik, wie sie im von der Kommission initiierten Reflexionsprozess angesprochen werden, zu erreichen.

Auch die Europäische Schiffer-Organisation (ESO), Sprachrohr der Partikuliere auf europäischer Ebene, ließ nichts unversucht, auf die Warnsignale des Marktes und die Gefahren für die Binnenschifffahrt hinzuweisen. In einem Schreiben an die EU-Generaldirektion Energie und Verkehr bat die ESO 2012 die Kommission, sich mit der Situation der mittelständischen Binnenschifffahrtsunternehmen zu befassen und in einen erneuten Dialog mit dem Gewerbe einzutreten[44]. Dies sei nach Auffassung der ESO im Interesse des gesamten europäischen Binnenschifffahrtsgewerbes und seiner Zukunftsfähigkeit dringend erforderlich.

Die Partikuliere verwiesen dabei auf eine Gewerbeanhörung zwei Jahre vorher, die die Kommission während der allgemeinen Wirtschaftskrise durchgeführt hatte, was dann in eine Arbeitsgruppe mündete, die Maßnahmen zur Überwindung der Krise erarbeiten sollte. Hat aber alles nichts gebracht. Alle zur Diskussion stehenden Vorschläge wie z.b. Stillliegeregelungen, Fahrzeitbeschränkungen oder kapazitätsbeschränkende Maßnahmen wurden letztendlich aus unterschiedlichen Gründen verworfen.

Die Aussagen der ESO zur Marktstörung haben sich im Nachhinein bestätigt. Mittlerweile zeigte sich, dass das, was die ESO bereits damals vorgeschlagen hatte, richtig war. Man bekam es nicht nur mit einer allgemeinen Wirtschaftskrise zu tun, sondern mit einer schweren Störung speziell des Binnenschifffahrtsmarktes. Inzwischen ist es für jeden sichtbar, dass diese Marktstörung die allgemeine Wirtschaftskrise überdauert hat, sowohl in der Trockengüterschifffahrt als auch in der Tankschifffahrt.

Das Augenmerk der ESO gilt den selbständigen Binnenschiffern, die immer noch den größten Teil der europäischen Binnenschifffahrt ausmachen. Gerade die Unternehmen, die ein oder mehrere Schiffe betreiben, leiden unter der Situation. Demgegenüber können große Reedereien, die von wenige Ausnahmen abgesehen multimodal aufgestellt sind, Speditionen oder Befrachtungsunternehmen, die auch in den Geschäftsfeldern Disposition, Umschlag, Logistik und Handel tätig sind, Verluste aus der Schifffahrt besser ausgleichen. Gerade Partikuliere aber, die meistens entweder nur in der Schifffahrt tätig sind, oder sogar nur mit einem Schiff können das nicht. Ihre Situation ist katastrophal, die finanziellen Reserven sind aufgebraucht.

Die ESO hielt zwei Dinge für erforderlich: Erstens müssen sowohl in der Tankschifffahrt als auch in der Trockengüterschifffahrt Wege gefunden werden, die Kapazitäten einzudämmen und das Wachstum für die nächsten Jahre zu verlangsamen. Das würde, so die Hoffnung der Partikuliersvertretung, den Markt stabilisieren und die Investitionsfähigkeit der Unternehmen wiederherstellen.

Zweitens müssen sich die Markstrukturen dahingehend verändern, dass die kleinen und mittleren Unternehmen sich in größeren Zusammenschlüssen organisieren und ihren Schiffsraum gemeinsam vermarkten. Dies würde den Unternehmen mehr Stabilität und damit auch mehr Krisensicherheit geben.

Die ESO schlug vor, eine möglichst zeitnahe Untersuchung zu machen, die über die im Markt vorhandenen Kapazitäten in der Trockengüterschifffahrt und in der Tankschifffahrt Aufschluss gibt und sich mit der finanziellen Situation der Unternehmen und der Struktur des Marktes in Bezug auf die Position der selbständigen Binnenschiffer befasst. Auf einer solchen Basis könnten nach Auffassung der ESO Kommission und Gewerbe gemeinsam nach Lösungen suchen.

Dazu gehörten sowohl kapazitätsbeschränkende Maßnahmen als auch die Möglichkeiten des Artikels 8 der EU-Verordnung 718/99, d.h. die Bestätigung der Voraussetzungen einer schweren Marktstörung. Die Möglichkeiten bestünden demnach zum Beispiel in der Abwrackung von Schiffsraum oder dem Reaktivieren einer Alt-für-Neu-Regelung, bei der jedem neu zu bauenden Schiff ein anderes Schiff am Markt abgewrackt werden müsste.

Der Haltung der ESO schlossen sich auch die deutschen Partikuliere in Gestalt ihrer Organisation, des Bundesverbandes der Selbständigen (BDS) e.V., Abteilung Binnenschifffahrt, an. Sie fanden, es könne nicht sein, dass die Partikulierunternehmen immer stärker in Bedrängnis kämen und alle schauten zu. Die Partikulierunternehmen seien das Rückgrat der europäischen Binnenschifffahrt. Ohne sie laufe gar nichts. Wenn das nicht erkannt und entsprechend gehandelt würde, bekäme der europäische Binnenschifffahrtsmarkt große Probleme.

Wer eine leistungsfähige europäische Binnenschifffahrt haben und eine weitere Verlagerung von Gütern auf die Wasserstraße bewirken wolle, dem müsse an einer Stabilisierung der Position der Partikulierunternehmen gelegen sein. In der Binnenschifffahrt seien immer noch Kompetenz und Erfahrung erforderlich, Schiffsführer nicht beliebig ersetzbar. Das Betreiben des Unternehmens Schiff gehe körperlich und finanziell an die Grenze, Investitionen würden zum finanziellen Drahtseilakt und zu allem Überfluss in Deutschland die Wasserstraßeninfrastruktur kaputt gespart. Durch Ausfälle würde die Binnenschifffahrt behindert und finanziell geschädigt. Da dürfe es „niemanden verwundern, wenn die mittelständischen Unternehmer die Nase voll haben!", so der BDS in seiner Verbandspublikation in der Fachzeitschrift „Binnenschifffahrt" im April 2012.[44]

Der BDB erkannte nach zwei „sehr guten Jahren für die deutsche Binnenschifffahrt", dass immer mehr Partikulierunternehmen in Zahlungsschwierigkeiten geraten waren. Er sprach bereits von einer der „schwersten Krisen der Binnenschifffahrt in der Nachkriegszeit".

Nach Überzeugung des BDB waren 2009 die schrumpfenden Mengen im Güterverkehr sowie die sinkenden Frachtraten kein Anzeichen für ein strukturelles Problem in der Binnenschifffahrt, sondern allein die Folgen eines verkehrsträgerübergreifenden konjunkturellen Einbruchs. Die Tatsache, dass auch die Güterbahn mit Umsatzeinbrüchen von rund einer Milliarde Euro im Gesamtjahr zu kämpfen hatte und über 40.000 Waggons auf den Abstellgleisen gestanden hätten, zeigte dem Verband, dass keineswegs nur die Binnenschifffahrt unter den schwierigen Bedingungen zu leiden gehabt hätten.

„Es ist nicht zu erkennen, dass es sich um Probleme handelt, die speziell dem Binnenschifffahrtsmarkt zu eigen sind", teilte damals Jaegers dem Bundesverkehrsministerium in einem Schreiben an die Parlamentarische Staatssekretärin Karin Roth (SPD) mit. Trotz der derzeit schwierigen Lage sei zudem mittelfristig davon auszugehen, dass mit Einsetzen der konjunkturellen Erholung seinerzeit im Hafen liegender Schiffsraum von der verladenden Wirtschaft schrittweise wieder benötigt würde, so der Präsident damals.[45]

Nach Analyse der Marktsituation und der einschlägigen europäischen Vorschriften gelangte der BDB deshalb zu der Überzeugung, dass die Voraussetzungen einer „schweren Marktstörung" im Sinne der EU-Richtlinie 96/75/EG damals nicht gegeben seien. Darüber hinaus beurteilte der Verband auch die aus der Feststellung einer schweren Marktstörung resultierenden, europaweit greifenden Handlungsmöglichkeiten skeptisch. Er hielt es für offensichtlich, dass die Instrumentarien der EU-Richtlinie 96/75/EG und der EU-Verordnung 718/99 nicht geschaffen wurden, um auf weltweit wirkende konjunkturelle Schwierigkeiten zu reagieren, sondern um strukturelle Hindernisse in der Binnenschifffahrt zu beseitigen. Denkbare Maßnahmen wie etwa die Abwrackung von Schiffsraum oder das Reaktivieren der Alt-für-Neu-Regelung würden in der derzeitigen Marktlage kaum einen spürbaren Nutzen zeigen", erklärte Jaegers damals. Der BDB hatte sich folglich gegenüber dem Bundesverkehrsministerium dafür ausgesprochen, auf die Anmeldung einer „schweren Marktstörung" bei der EU-Kommission „zunächst zu verzichten".

Damit zeigte sich aber das größte Dilemma, unter dem die Binnenschifffahrt in Europa seit jeher leidet: ihre heillose Zersplitterung in sich widersprechende Interessengruppen. So auch hier: der Forderung nach Anerkennung einer schweren Marktstörung mochten sich einige Reeder nicht anschließen und konnten sich im BDB soweit durchsetzen, dass dieser eine Marktstörung nur für die Tankschifffahrt, nicht aber für die Trockenschifffahrt anerkennen wollte[45]. Hötte erteilte noch im Juli 2013 jedem Gedanken an Alt-für-Neu eine Absage.[15]

Der Verband wollte diesen Verzicht aber nur für die Trockengutschifffahrt erklärt wissen, da nach seiner Überzeugung strukturelle Hemmnisse nicht gegeben seien. Ganz anders sah für ihn freilich die Lage in der Binnentankschifffahrt aus.

Bei früheren Strukturbereinigungsmaßnahmen hatte man den Europäischen Reservefonds angelegt. In ihn zahlen die Unternehmen des Binnenschifffahrtsgewerbes regelmäßig ein, so dass sich mittlerweile ein Volumen von über 35 Millionen Euro angesammelt halt *(s. Seite 92)*. Auf dieses Geld haben es die Reeder genauso wie die Partikuliere abgesehen. Unterschiedlich sind bei beiden allerdings die Auffassungen darüber, was mit dem Geld gemacht werden könnte, das dem Ziel der Beseitigung der schweren Marktstörung nachhaltig entgegenzuwirken geeignet schiene.

Die Reeder wollten es nur für eine Bereinigung der Lage in der Tankschifffahrt verwendet sehen. Die Partikuliere konnten sich vorstellen, von diesem Geld u.a. im Fall einer Strukturkrise weitere Abwrackmaßnahmen zu finanzieren. Sie sahen in beiden Bereichen, Trocken- und Nassgüterschifffahrt eine Marktstörung und wollten zu deren Behebung den Reservefonds bei der EU angreifen, um z.b. ein Demonstrationsprojekt „Kooperation von Partikulierunternehmen", die Einrichtung eines europäischen Neubauregisters zur frühzeitigen Marktbeobachtung oder unter umweltpolitischen Gesichtspunkten die Frage einer Mindestauslastung von Schiffen zu finanzieren – alles Projekte, die den Reedern nicht genehm sein konnten, hätten sie doch bedeutet, dass ihr Spiel mit den Partikulieren eventuell nicht mehr so funktioniert hätte, wie es für ihre Frachtkalkulation gepasst hätte.

Die EU-Verordnung 718/99 und insbesondere die Richtlinie EG/96/75 sind die relevanten Regelwerke, die für die Beurteilung einer Strukturkrise im europäischen Binnenschifffahrtsmarkt und daraus abgeleiteten kapazitätsregulierenden Maßnahmen herangezogen werden. Eine „schwere Marktstörung" ist *per definitionem* in der Richtlinie „das Auftreten von Problemen auf dem Markt des Binnenschiffsgüterverkehrs, die diesem Markt eigen sind und zu einem möglicherweise anhaltenden deutlichen Angebotsüberhang führen können, der das finanzielle Gleichgewicht und das Überleben zahlreicher Binnenschiffsgüterverkehrsunternehmen ernstlich gefährden könnte, sofern die kurz- und mittelfristigen Prognosen für den betreffenden Markt keine deutliche und dauerhafte Besserung erwarten lassen."

An den seitens eines Mitgliedstaates zu stellenden Antrag auf Anerkennung einer solchen Marktstörung werden in Art. 7 der Richtlinie gewisse inhaltliche Anforderungen gestellt. So sind alle für eine Bewertung der wirtschaftlichen Lage des betreffenden Bereichs erforderlichen Angaben vorzulegen, insbesondere zu den durchschnittlichen

Kosten und Frachtraten für die einzelnen Transportarten, Auslastungsgrad der Laderäume oder Prognosen zur Nachfrageentwicklung.

Wenn die EU-Kommission das Vorliegen einer Marktstörung bejaht, könnte sie auf Antrag eines Mitgliedstaats geeignete Maßnahmen treffen, insbesondere solche, mit denen jede weitere Erhöhung der Transportkapazität auf dem betreffenden Markt verhindert wird. Als Maßnahme kämen Alt-für-Neu-Regelung oder Pönalezahlungen, also Geldauflagen in Betracht, eventuell kombiniert mit einer Abwrackung von Schiffsraum.

Überkapazitäten und niedrige Frachtraten

Wie katastrophal die Situation in der europäischen Binnenschifffahrt ist, bestätigte Martin Quispel, Mitarbeiter des niederländischen Marktforschungsinstituts Panteia/NEA: „Die Krise ist noch lange nicht vorüber, die Überkapazität ist eher größer geworden", stellte er noch 2012 fest[46]. Die Aussichten für die Branche bewertet er zwar aufgrund allgemeiner Faktoren als vorwiegend günstig. Verstopfte Straßen, wachsende Knappheit beim Erdöl sowie die Notwendigkeit, den CO_2-Ausstoß zu begrenzen, würden der Binnenschifffahrt in die Hände spielen. Auch sieht er den Containertransport per Binnenschiff von 40 bis 80 Prozent bis 2020 bei einem Gesamtvolumen der Binnenschifffahrt um fünf Prozent wachsen. Er beruft sich bei dieser Einschätzung auf Zahlen des niederländischen Centraal Plan Bureaus und anderen Instituten über die Entwicklung der niederländischen, europäischen und Weltökonomie. Diese Daten ergäben in ähnlichem Umfang ein Wachstum der Flottenkapazität und einen Rückgang des transportierten Volumens um jeweils zehn Prozent. Nachteilig für die Branche seien unter anderem der Mangel an qualifiziertem Personal sowie die geringe finanzielle Stabilität der Branche.

Zur Abhilfe empfiehlt Quispel, neue Ladungsströme und neue Märkte anzugehen. Als Beispiel nennt der Experte die Bereiche Biomasse, Biobrandstoffe, verderbliche Produkte, Halbfabrikate und Stückgut sowie den Containerbereich, verlässliche Tür-zu-Tür-Transporte, Maßstabsvergrößerung im organisatorischen Bereich, Zusammenarbeit mit anderen Transportsektoren sowie Bündelung von Ladungen mit mehreren Kunden oder eine stärkere Hinterlandanbindung per Container. Wichtig erscheint Quispel auch, attraktiver für neue Mitarbeiter zu werden und die Feinstoffbelastung sowie die NO_x-Belastung auch in der bestehenden Flotte zu reduzieren.

Offenbar setzte zwischenzeitlich auch bei den Reedern ein Nachdenken ein. Sie fragten sich: Sind es nur die Nachwirkungen der im Jahr 2008 verzeichneten weltweiten Finanz- und Wirtschaftskrise, die der Binnenschifffahrt in Deutschland und den Anrainerstaaten zu schaffen machen? Oder steckt das Gewerbe in einem strukturellen Dilemma, das als „schwere Marktstörung" bezeichnet werden kann?[47] Und nun ist man auch beim BDB der Ansicht, dass dann europaweit gültige Eingriffe in den grundsätzlich seit Mitte der 90er Jahre liberalisierten Binnenschifffahrtsmarkt erfolgen könnten. Der Ruf nach kapazitätsregulierenden Maßnahmen wurde lauter, so dass er inzwischen auch in Brüssel vernommen werde.

Jedenfalls war man sich im April 2013 auf der Vorstandssitzung des BDB einig, dass das Binnenschifffahrtsgewerbe wieder eine der schwersten Krisen durchleide, und diesmal schlimmer noch als fünf Jahre zuvor die schlimmste seit Jahrzehnten, die „existenzbedrohende Ausmaße angenommen" habe, so die Vorständler unisono.

Diesmal machten die Reeder auch keine Unterschiede mehr zwischen Trocken und Nass: „Insolvenzen sind zu erwarten", erklärten sie nun. Das Szenario dauere bereits im vierten Jahr in Folge an. Sie seien geprägt von massiv gestiegenen Kosten, insbesondere in den Bereichen Personal und Treibstoff, völlig unzureichenden Frachtraten und fehlenden Transportmengen.

Die Klagen erschollen indes nicht grundlos. Das Statistische Bundesamt Destatis taxiert das Güteraufkommen in der Binnenschifffahrt für 2012 auf 223,2 Millionen Tonnen – eine Stabilisierung auf einer Frachtratensole erheblich unter den erfolgreichen Zahlen des Jahres 2007, als knapp 250 Millionen Tonnen Güter auf bundesdeutschen Wasserstraßen geschippert wurden.

Das sind Zahlen, an deren Katastrophencharakter denn auch kaum etwas die Nachricht ändern kann, dass es allein die Binnenschifffahrt war, die 2012 Zuwächse zu verzeichnen hatte, während Straße und Schiene zum Teil empfindliche Einbußen bei den transportierten Mengen und bei der Transportleistung verkraften mussten.

Und auch für den BDB ist es nur ein schwacher Trost, dass die anderen Landverkehrsträger ebenfalls mit sinkender Transportnachfrage und Umsatzrückgängen zu kämpfen haben. So waren noch Anfang Juni 2013 in der Güterverkehrssparte der Deutschen Bahn AG sinkende Gewinnprognosen zu hören und wurden Befürchtungen über drohende Kurzarbeit aufgrund von Konjunktureintrübungen insbesondere im Stahlbereich und im Autotransport laut[48].

Im Unterschied zur Bahn ist bezeichnend für die Situation auf Flüssen und Kanälen, dass der Anstieg der Transportleistung um 6,3 Prozent auf 58,5 Milliarden Tonnenkilometer 2012 keine spürbar positiven Auswirkungen auf das viel zu niedrige Frachtratenniveau hatte. Auf Schiene und Straße sind die für ein Absinken der Frachtraten erforderlichen Freikapazitäten im Markt viel kleiner als auf der Wasserstraße. Der BDB hat als einen Schuldigen an dieser Situation auf dem Wasser das Nachbarland Niederlande ausgemacht. In den vergangenen Jahren wurde insbesondere aus den Niederlanden kommend immer mehr neu gebauter Schiffsraum, vornehmlich Großmotorgüterschiffe, in Fahrt gesetzt.

Die pessimistische Lage der Binnenschifffahrt fasste die ZKR im Mai 2013 so zusammen[49]: „Aufgrund der Wirtschaftskrise befindet sich die Binnenschifffahrt, wie auch andere Verkehrsträger, in einer schwierigen Lage. Die Beförderungsmengen nehmen kaum zu, sodass der Vorkrisenstand bei den meisten Gütersegmenten bei weitem noch nicht erreicht ist. Die Entwicklung der Frachten zeigte 2012 weiter nach unten. Ein Grund hierfür war die Überkapazität am Markt."

Hatten sich die deutschen Binnenschiffer 2009 bis 2012 vergeblich um Anerkennungen von schweren Marktstörungen bemüht, verschärfte sich die Situation 2013 in der Binnenschifffahrt wieder.

Diesmal aber nicht nur in Deutschland, sondern jetzt kam der Druck aus anderen Ländern. Europäische Binnenschiffer begehren gegen die zunehmend unhaltbare Situation auf. Im April 2013 machen belgische Binnenschifffahrtsunternehmer an verschiedenen Stellen mit Wasserstraßenblockaden in ihrem Land auf die existenzbedrohende Situation im Gewerbe aufmerksam.

Wie der „Binnenschifffahrts-Report" seitens der Teilnehmer erfahren haben will, hatte Belgien bis Anfang Juni 2013 noch keinen offiziellen Antrag zur Anmeldung einer schweren Marktstörung bei der EU-Kommission gestellt. Stattdessen wurde ein *„non paper"* überreicht. Verfasser ist die belgische Non-Profit-Organisation *Instituut voor het transport langs de binnenwateren v.z.w., Institut pour le Transport par Batellerie a.s.b.l.* (ITB). In dem als Entwurf bezeichneten Papier sei nur die Situation des Binnenschifffahrtsgewerbes in Belgien dargestellt, die sich in weiten Teilen mit der deutschen deckt.

Aufgrund dieser Blockaden und der anhaltend schlechten Marktsituation will Belgien, so meldet der BDB unter Berufung auf eine Pressenotiz der belgischen Regierung, eine „schwere Marktstörung" in der Trockenschifffahrt gemäß Artikel 1 der Richtlinie 75/96/EG anmelden. Sind die Voraussetzungen einer schweren Marktstörung erfüllt und auf Antrag eines Mitgliedstaates seitens der EU anerkannt, können Maßnahmen zur Regulierung des Angebots von Kapazitäten angeordnet werden. Die rechtlichen Konsequenzen sind erheblich und stellen einen gravierenden Eingriff in den Markt dar.

Neue Schiffe können dann nur noch in den Markt gebracht werden, wenn im Gegenzug alter Schiffsraum abgewrackt oder eine Art Strafgeld gezahlt wird. Gegebenenfalls können regelrechte Abwrackmaßnahmen erfolgen. Gegen Zahlung eines noch festzulegenden Betrages verschrotten Binnenschiffer ihre Schiffe und bringen so, zumindest in der Theorie der europäischen Regelwerke, den durch die Überkapazität ins Ungleichgewicht gebrachten Markt wieder in eine stabile Lage.

Doch der EU-Kommission widerstrebt schon der Gedanke an dirigistische Maßnahmen irgendwelcher Art. Das hat sie laut „Binnenschifffahrts-Report" in verschiedenen informellen Runden durchblikken lassen. Ihr ist der seit Mitte der 90er Jahre liberalisierte Binnenschifffahrtsmarkt offenbar ein zu hohes Gut, selbst wenn entsprechende Anträge gestellt würden. Immer wieder bestätigt sich: die EU will *partout* die Privatisierung, egal welchen Preis Betroffene dafür zahlen müssen.

So hat die EU-Kommission Ende Mai 2013 auf Antrag Belgiens in einem ersten Schritt die Vertreter der europäischen Mitgliedstaaten zur Marktsituation zwar angehört. In einem zweiten Schritt will sie die von Binnenschifffahrts- und Binnenhafengewerbe sowie der verladenden Wirtschaft anhören. Wer aber meint, daraus eine verlässliche Zusage zu einer den Realitäten entsprechenden Anerkennung der Marktsituation herauslesen zu können, muss wohl in seiner Kitazeit mit einem Klammerbeutel gepudert worden sein.

Auch Belgien muss Belege beibringen, dass die Frachtraten nicht mehr auskömmlich sind, das Binnenschifffahrtsgewerbe unter unzumutbaren Betriebs- und vor allem Treibstoffkosten leidet, Kreditverpflichtungen nicht mehr nachkommen kann, im Vergleich zur Marktnachfrage zumal auf dem Rhein deutlich zu viel Schiffsraum verfügbar ist und auf der anderen Seite die Transportnachfrage aufgrund der zu schwachen Konjunktur ins Bodenlose fällt.

Gerade dem letztgenannten Aspekt misst man beim BDB aufgrund der Erfahrungen von 2009 in der weiteren Debatte unter Umständen eine besondere Bedeutung zu. Damals hatten die Niederlande einen ähnlichen Vorstoß bei der EU unternommen – ohne Erfolg. Bei einer deutlichen Belebung des Marktes sei durchaus wieder mit einer positiven Entwicklung des Binnenschifffahrtssektors zu rechnen, hieß es damals von der EU-Kommission. Diese Hoffnung hat sich als trügerisch erwiesen; die erforderlichen Gütermengen blieben aus.

Mit ähnlichen Erwartungen den belgischen Antrag jetzt ablehnen, dürfte der Kommission zumindest schwerer fallen als 2009. Als ausgesprochen beunruhigend wertet der BDB zudem die Aussage in der belgischen Unterlage, dass angeblich weitere 200 neue Binnenschiffe in westeuropäischen Werften darauf warten, ausgebaut und demnächst in den Markt gebracht zu werden.

Ob die Kommission dem folgt oder nicht – für die Verfasser des Papiers steht fest, dass eine strukturelle Krise in der Binnenschifffahrt gegeben ist. Sie fordern gesamteuropäische Maßnahmen zur Stützung dieser Branche. Ohne sie könne die Binnenschifffahrt die in sie gesetzten Erwartungen als alternativer Verkehrsträger für mehr Verlagerung weg von der Straße und damit zu mehr Umweltfreundlichkeit und Naturschutz, kurz: alles, womit auch die EU derzeit angesichts ansonsten sinkender Sympathiewerte bei ihren Menschen unter dem Slogan *„greening"* punkten möchte, nicht erfüllen.

Die belgische Position deckt sich übrigens auch mit Erkenntnissen aus den Niederlanden. Dort hat das Marktforschungsinstitut Panteia/ NEA in einer von der niederländischen Partikuliersvereinigung *Binnenvaart Branche Unie* (BBU) in Auftrag gegebenen Untersuchung der aktuellen Marktlage in der Trockengutschifffahrt festgestellt, dass eine schwere Marktstörung der Trockenschifffahrt im Segment der Schiffe mit mehr als 2.000 Tonnen Ladungsfähigkeit vorliegt.

Demzufolge ist die Flottenkapazität dieser Größenordnung seit 2010 stark gestiegen. Die Schere zwischen Angebot und Nachfrage öffnete sich 2011, eine Millionen Tonnen mehr als in den Jahren 2003 bis 2008 sind im Angebot. Und die Frachtmengen in der Trockenschifffahrt steigen voraussichtlich weiter. Die Experten rechnen damit, dass die Kapazitäten noch bis 2016 auf dem Stand von 2010 bleiben werden und darüber hinaus, haben doch diese neuen Schiffe einen langen Betriebszyklus. Wenn nichts passiert, sieht sich das Gewerbe also einem noch lange anhaltenden Angebotsüberhang gegenüber.

Die Anzahl der Insolvenzen blieb aufgrund des Stillhaltens der Banken und privater Kapitalrücklagen der Schifffahrtsunternehmer bisher niedrig. Die Ersteller der Studie rechnen damit, dass die Privatmittel bis 2013 aufgebraucht und die Banken ihre Haltung ändern werden. In dem belgischen Papier werden konkrete Maßnahmenvorschläge unterbreitet. So wird als eine Art permanente Maßnahme unter anderem die Schaffung einer Anti-Preisdumping-Regelung vorgeschlagen. Des Weiteren sollen die technischen Regelwerke und die geltenden Übergangsbestimmungen, die das Gewerbe belasten, für die existierende Flotte unter die Lupe genommen werden. Befristet käme für die Experten eine Alt-für-Neu-Regelung in Frage sowie die Förderung von unternehmerischen Zusammenschlüssen. Der Vorschlag, durch eine Abwrackmaßnahme gezielt Kapazitäten abzubauen, findet sich in der Unterlage hingegen nicht.

Wie aufgrund seiner Haltung 2009 kaum anders zu erwarten war, bewertet der BDB die belgischen Vorschläge zunächst zurückhaltend. Immerhin ist er im Unterschied zu damals jetzt auch der Ansicht, dass die Marktsituation in der Binnenschifffahrt „existenzbedrohend" ist und als „schwere Marktstörung im Sinne der europäischen Regelwerke gewertet werden könnte".

Gleichwohl mag er sich mit den vorgeschlagenen Maßnahmen denn doch nicht so recht anfreunden. Sie griffen ihm zu unmittelbar in den Markt ein. Die Alt-für-Neu-Regelung solle nur das unkontrollierte In-Fahrt-Setzen von Schiffen in Europa eindämmen. Sie könne aber an dem Angebotsüberhang an Schiffsraum kurz- und mittelfristig nichts ändern. Diese Maßnahme will der BDB erst einmal ausgearbeitet sehen. Erst dann könne man etwas zu ihrer Effektivität sagen. Fragen, die der BDB beantwortet haben möchte, sind z.B.: Welche Schiffsgattung mit welchen Abmessungen bzw. Ladungsvolumen soll betroffen sein? Welche Pönale-Regelung soll greifen, wenn kein abwrackbarer Alt-Schiffsraum zur Verfügung steht? Was geschieht mit jenen von Binnenschiffsunternehmern in Auftrag gegebenen und finanzierten Schiffen, die sich bereits im Bau oder Ausbau befinden und in der kommenden Zeit in den Markt kommen könnten?

Auch einer grundsätzlich denkbaren Abwrackmaßnahme will der BDB nicht so ohne weiteres zustimmen. Zum einen würden kaum die für die Überkapazität verantwortlichen neuen großen Schiffe abgewrackt, sondern eher die kleineren Einheiten, die aber nach wie vor im Markt benötigt werden. Zum anderen könne mit den derzeitigen begrenzten Mitteln des europäischen Reservefonds von rund 35 Millionen Euro eine europaweit gültige Abwrackmaßnahme kaum finanziert werden. Deshalb sei zu befürchten, dass sich das Gewerbe über eine Umlage an den Kosten der Marktbereinigung beteiligen müsste. Das aber lehnt der Verband aufgrund der aktuellen wirtschaftlichen Lage strikt ab.

Schließlich ist der BDB gegen eine Subvention eines unternehmerischen Zusammenschlusses von Gewerbetreibenden in der Binnenschifffahrt mit Fördergeldern. Die Kooperation in einer Genossenschaft könne als typische Form der Zusammenarbeit unter Wahrung der unternehmerischen Selbständigkeit angesehen werden. Der Verband verweist auf die seiner Ansicht nach in Deutschland erfolgreich agierenden Unternehmen MSG eG oder DTG Deutsche Transport-Genossenschaft Binnenschifffahrt eG. Sie könnten als Beispiele dienen, dass es hierfür keiner staatlichen oder europäischen Kofinanzierung bedürfe. Dazu muss man wissen, dass MSG wie DTG, Mitglieder im BDB sind, die es ungern sähen, wenn ihr Verband einer Förderung neuer Zusammenschlüsse zustimmte. Dies war schon 2009 so, als die europäische Partikuliersvereinigung ESO im Schulterschluss mit ihrem deutschen Mitglied, dem BDS, ähnliche Forderungen erhob, und das ist auch 2013 so.

Finanzierungssituation der Binnenschifffahrt

Im Februar 2012 ging am Amtsgericht Hamburg ein Antrag auf Eröffnung eines Insolvenzverfahrens ein. Betroffen war mit Oeltrans in Hamburg eine große Befrachtungs- und Transportgesellschaft im Bereich Tankschiffe und deren Firmenbeteiligungen. Rund hundert Tankschiffe wurden von der Gesellschaft betrieben und zahlreiche auftragnehmende Subunternehmen beschäftigt. Gleichwohl könnte es sich bei der Oeltrans-Pleite trotz der großen Zahl betroffener Schiffe fast schon um einen Einzelfall handeln, jedenfalls wenn man Aussagen von Creditreform Glauben schenken darf.

Einen Einblick in die Situation der Binnenschifffahrt gibt die Zahl der Insolvenzen. Das Inkassounternehmen Creditreform erfasst tagesaktuell die Insolvenzmeldungen von den Amtsgerichten, in den ersten sechs Monaten 2012 knapp 15.000 Unternehmensinsolvenzen. Im Vorjahreszeitraum waren es noch 16.800[50]. In Deutschland ist sie generell seit einiger Zeit rückläufig. Gerade große und namhafte Unternehmenszusammenbrüche sind seltener geworden.

Die Eigenkapitalquoten in der Binnenschifffahrt beliefen sich danach auf:

- bis 10 Prozent bei 24,7 Prozent,
- bis 20 Prozent bei 7,9 Prozent,
- bis 30 Prozent bei 6,6 Prozent,
- über 30 Prozent bei 60,8 Prozent der Kreditanträge.

Durch die Organisationsstruktur mit 130 regional tätigen Vereinen der Creditreform steht die Unternehmensgruppe zudem in einem engen Austausch mit der Wirtschaft. In der zentralen Firmendatenbank liegen zu mehr als vier Millionen aktiven Unternehmen Finanzinformationen vor. Auf Basis dieser Datenfülle werden Wirtschaftsauskünfte über die Bonität von Unternehmen erteilt. Sie sind wichtige Bestandteile im Risikomanagement praktisch aller namhaften Industrie-, Handels- und Dienstleistungsunternehmen sowie Finanzdienstleister.

Unverzichtbar sind sie für unzählige kleine und mittlere Unternehmen, um Lieferungen und Leistungen abzusichern sowie die Bonitätsentwicklung wichtiger Geschäftspartner zu beobachten.

Basis der Aussagekraft von Wirtschaftsauskünften ist die Kombination aus öffentlich verfügbaren Daten und exklusiv recherchierten und bewerteten Informationen.

Bei den öffentlich verfügbaren Quellen sind vor allem öffentliche Register und Verzeichnisse sowie Bilanzen und Geschäftsberichte zu nennen. Diese Informationen werden durch exklusive Quellen wie Inkasso-Daten, Zahlungserfahrungen und statistische Risikoauswertungen einzelner Kapitel der Wirtschaftsauskunft wie etwa Branche, Mitarbeiterzahlen, Rechtsform, Unternehmensalter, Umsatz oder

Region ergänzt. Hinzu kommen direkt bei den Unternehmen recherchierte Quellen wie Einnahme-Überschussrechnungen und betriebswirtschaftliche Auswertungen.

Die Oeltrans-Pleite wurde nach Wahrnehmung der Creditreform-Seismographen in einer Phase guter Konjunktur auch überregional und über Branchengrenzen hinaus wahrgenommen. Sie können aus der Firmendatenbank zu mehr als tausend Unternehmen der Branche Binnenschifffahrt Bonitätsbewertungen abrufen. In der Bilanzdatenbank von Creditreform liegen darüber hinaus mehr als 4.500 strukturiert erfasste Bilanzen und Jahresabschlüsse von ebenfalls knapp eintausend Unternehmen der Branche vor. Und in das Debitorenregister Deutschland, den Zahlungserfahrungspool von Creditreform, werden zu knapp 50 Debitoren aus der Branche regelmäßig Zahlungserfahrungen eingeliefert.

Eine Analyse der Unternehmensgröße nach Bilanzsumme zeigt, dass die Binnenschifffahrt durch einen hohen Anteil von Unternehmen mittlerer Größe geprägt ist. Zwei Drittel der Unternehmen der Branche weisen eine Bilanzsumme von weniger als zwei Millionen Euro auf. Die durchschnittliche Eigenkapitalquote in der Binnenschifffahrt lag 2009 bei 30,5 Prozent. Dabei wies knapp jedes vierte Unternehmen (24,7 Prozent) eine sehr niedrige Eigenkapitalquote von unter zehn Prozent auf. Etwa sechs von zehn Unternehmen verfügten 2009 über eine solide Eigenkapitalausstattung von mehr als 30 Prozent.

Das sind laut Creditreform-Binnenschifffahrtsexperte Michael Bretz im Vergleich zur Gesamtwirtschaft gute Werte. Eine niedrige Eigenkapitalquote bedeutet für den Inkasso-Experten ein erhöhtes Insolvenzrisiko, da dem Unternehmen in konjunkturell schwächeren oder auftragsarmen Zeiten der notwendige finanzielle Puffer fehlt. Nicht zuletzt aus diesem Grund ist eine unzureichende Unternehmensfinanzierung Insolvenzursache Nummer eins.

Er empfiehlt, Eigenkapitalziele zu definieren: Welche Höhe an Eigenkapital ist für die Durchführung geplanter Investitionen nachhaltig erforderlich? Wie kann dieser Bedarf dauerhaft und möglichst kostengünstig gedeckt werden? Auch der Verschuldungsgrad (Fremdkapital geteilt durch Eigenkapital) der Unternehmen aus der Branche ist Bretz zufolge geringer als der der Gesamtwirtschaft.

Er lag für das Jahr 2009 im Mittel bei 0,72 und damit deutlich niedriger als der Wert für die Gesamtwirtschaft mit 2,05. Ein differenzierterer Blick auf die Branche offenbart allerdings Unterschiede – das gelte vor allem für die beiden Hauptbereiche Personenbeförderungen und Güterbeförderung. So werde für Unternehmen aus dem Wirtschaftszweig Personenbeförderung mit 2,67 Prozent ein deutlich höherer Creditreform Risikoindikator gemessen als für Unternehmen, die im Bereich Güterbeförderung tätig sind (1,06 Prozent).

Damit wiesen 2,67 von 100 Unternehmen des Bereichs Personenbeförderung 2011 ein Negativmerkmal wie massiven Zahlungsverzug oder einen Insolvenzantrag auf. Das unterschiedliche Ausmaß der Insolvenzgefährdung liegt zum Teil in der unterschiedlichen Eigenkapitalausstattung begründet. Von Creditreform durchgeführte empirische Analysen zeigen regelmäßig, dass Unternehmen mit einer zu schwachen Eigenkapitalquote eine deutlich höhere Instabilität aufweisen. So liegt die durchschnittliche Eigenkapitalquote im Bereich der Güterbeförderung innerhalb der deutschen Binnenschifffahrt bei 32,1 Prozent, während der Bereich Personenbeförderung nur auf eine durchschnittliche Eigenkapitalquote von 22,2 Prozent kommt.

Schluss

Uneinigkeit macht Streik

Die Reform der Wasser- und Schifffahrtsverwaltung in Deutschland ist durch. Ein Zurück zur früheren WSV wird es nicht geben. Das hat auch gewiss seine Vorteile. Niemandem nützt eine wasserkopflastige Verwaltung. Hier mag ein sozialverträglicher Rückbau eines Personalüberhangs gerechtfertigt und vertretbar erscheinen. Dies kann auch für die Gewerkschaft Ver.di akzeptabel sein, geht doch die Verminderung des Personalbestandes um 2.500 WSV-Beschäftigte voraussichtlich zwingend einher mit Neueinstellungen gerade im Bereich der nicht mit Bürotätigkeiten befassten Schleusen- und Wasserstraßenmitarbeiter. Sonst ließen sich, da sind sich die Fachleute einig, weder das Abbaumaximum noch die Vorgaben zum Wasserstraßenerhalt und deren Wartung halten.

Es ist auch wenig zielführend, sich über die Wenns zu unterhalten, Minister Ramsauer hätte in Gesprächen weiter zu einer Abkehr von seiner Reform der WSV oder anderen Zugeständnissen über das hinaus, was er bereits schriftlich zugesagt hatte, gebracht werden können. Daran wird der Streik nichts ändern.

Wir haben die Vorteile gesehen, die es durchaus sinnvoll erscheinen lassen können, für die Interessen der Mitarbeiter der WSV zu streiken.

Auszusetzen ist sicher die Art und Weise, wie der Streik zustande kam. Sie hätte sich und ihren Mitgliedern möglicherweise einen Gefallen getan, wenn sie vor Ausrufung des Streiks Zielsetzung und Verfahrensweise mit möglichst allen Beteiligten an der Binnenschifffahrt abgesprochen hätte. Dabei hätten gegensätzliche Detailauffassungen berücksichtigt werden können.

Insbesondere hätte man sich auf das oberste Ziel einigen können, das da heißen müsste, die Bedeutung des Transportträgers Wasserstraße und des Transportdienstleisters Binnenschifffahrt ganz nach oben auf der öffentlichen Agenda zu drücken.

Für dieses Mal hat sich die Gewerkschaft mit ihrem Anliegen zwar nicht im Wald verlaufen, wie Kritiker meinen. Sie könnte aber vielleicht überlegen, ob es nicht taktisch klüger wäre, den Streik zu beenden und das Gespräch mit den Verbänden und den Beteiligten der Binnenschifffahrt zu suchen.

So ließe sich die Binnenschifffahrt samt Binnenreedern mit guten Argumenten in die Pflicht nehmen. Verweigern die Binnenreeder ihr auch weiterhin ihre solidarische Unterstützung, läge der Schwarze Peter endgültig bei ihnen, mit der Politik gemeinsame Sache zur Zerstörung der Binnenschifffahrt zu machen auf dem Rücken von Partikulieren und WSV-Mitarbeitern. Dann wäre eine weit breitere Unterstützung für Streiks sicher.

Gelingt es ihr aber, die Binnenreeder mit ins Boot zu ziehen, könnte sie sich als Gesprächspartner auf Augenhöhe des Gewerbes, womöglich dann aber auch der Politik etablieren, um in der Zukunft das eigentliche Problem mit geballter Macht des gesamten Gewerbes einschließlich der Arbeitgeber anzugehen: die Verhinderung der drohenden Privatisierung der Wasser- und Schifffahrtsverwaltung in Deutschland. Im Grunde hat sie diese Taktik schon mit den Streikunterbrechungen angekündigt. Sie ginge gestärkt in weitere Gespräche, wenn sie auf diesem Pfade fortschritte.

Den Arbeitgebern des Gewerbes ist vorzuhalten, dass sie den WSV-Mitarbeitern ihre Solidarität verweigert haben. Ein Vorschlag zu einer gemeinsamen Vorgehensweise hätte auch ihnen keinen Zacken aus der Krone gebrochen. Auch sie sollten ein Interesse an einem Fortbestand der WSV oder, wenn das schon nicht mehr möglich sein sollte, zumindest an einem Ausschluss einer Privatisierung der WSV für die Zukunft haben. Hätten die Binnenreeder beizeiten ihre rückhaltlose Unterstützung der WSV-Mitarbeiter zugesichert, hätte das BMVBS es von Anfang an mit einem ganz anderen Gegner zu tun gehabt; dann wäre es womöglich gar nicht erst zu dem Streik gekommen.

Denn merke: Nur Einigkeit macht stark, wie das Beispiel KüK zeigt *(s. Seite 78)* – Uneinigkeit aber macht Streik.

Wem nützt denn eine funktionierende Wasser- und Schifffahrtsverwaltung am meisten? Man könnte der Ansicht sein und aus der Kritik des BDB schließen, dass dies gerade die Binnenreeder wären, solange sie ihr Geschäft auf und mit der Wasserstraße betreiben wollen. Das Hauptaugenmerk der Tätigkeit der WSV seit Bestehen liegt auf der Gütertransportschifffahrt. Die Mitarbeiter wissen um die Bedeutung ihrer Arbeit für die Binnenschifffahrtsunternehmen, ihr ganzes Denken, Tun und Handeln dreht sich darum, die Arbeit der Binnenschifffahrt so leicht wie möglich zu machen.

Frieren Kanäle oder Schleusen zu, wer geht bei Sturm und Kälte aufs Eis, bricht mit Eisbrechern unermüdlich Eis, beobachtet die Lage und sperrt den Schifffahrtsweg rechtzeitig, auf dass kein Schiffer zu Schaden komme und die Fracht des Reeders und seiner Kunden aus der verladenden Wirtschaft unbeschadet ihr Ziel erreicht? Die Mitarbeiter der WSV.

Wer entrostet in den Schleusen Tröge und Tore, wer kümmert sich um verkehrstüchtige Uferbeschaffenheit, wer versorgt Schiffe und Mannschaften mit dem Nötigsten, wenn es wieder einmal wegen Hoch- oder Niedrigwasser heißt: Stillliegen, bis wieder genug oder nicht zuviel Handbreit Wasser unterm Kiel ist? Die Mitarbeiter der WSV.

Gehen Funktionäre und Vorstände der Verbände tagtäglich, wenn es sein muss auch des Nachts raus, wenn Schiffe eines ihrer Mitglieder bei Hochwasser mit kostbarer, womöglich explosiver Ladung havariert, geborgen, die Zusammenarbeit mit anderen Diensten wie THW, Feuerwehr usw. koordiniert werden muss? Das machen alles Leute der WSV, Leute, die durch die WSV-Reform teilweise auf das Altenteil geschickt werden sollen, Leute, die ihr Leben am Fluss, am Kanal, an der Schleuse zugebracht und für eine reibungslos funktionierende Binnenschifffahrt landauf, landab eingesetzt haben.

Der Personalratsvorsitzende des WSA Stuttgart, Oliver Kern, hat beispielsweise zu Recht darauf hingewiesen, dass die 300 Beschäftigten zur Sicherung der Wasserstraße Neckar gegen die Hochwasserwelle Ende Mai 2013 über 20.000 Arbeitsstunden geleistet hätten. Die Mitarbeiter identifizierten sich mit „ihrem Neckar" und stellten zur Gefahrenabwehr ihr Privat- und Familienleben hinten an, um alles dafür zu tun, Mensch, Industrie und Umwelt zu schützen und die Schifffahrt schnellstmöglich wieder zu öffnen. Kenntnisse und Fachwissen seien über Generationen hinweg innerhalb des WSA Stuttgart weitervermittelt worden. Kern: „Die Reform der Wasser- und Schifffahrtsverwaltung sieht vor, diese gut funktionierende Struktur zu zerstören." Dazu Dünner: „Eine Aussage, die ähnlich auch für die vom Hochwasser betroffenen Gebiete an Elbe, Saale, Main und Donau Gültigkeit hat."

Das alles soll nun nicht zählen. Der Binnenschifffahrt geht es schlecht. Der ging es auch vor dem Streik schlecht. Und auch noch, wenn der Streik abgeblasen würde oder gar nicht erst ausgerufen worden wäre. Die streikenden WSV-Mitarbeiter und ihre Gewerkschaft Ver.di sind die Überbringer dieser schlechten Nachricht. Dafür will man sie bestrafen.

Ich erinnere mich an einen eigenen Fall, indem man mich bzw. einen Regensburger Rechtsprofessor als Überbringer einer schlechten Nachricht bestrafen wollte. Derart hohe Wellen hatte in der Juristerei wohl selten ein Schiffsunfall geschlagen. Was war geschehen? Das niederländische Frachtschiff „Sento Rotterdam" N 02329249 stößt am 13. März 2008 bei ausgefahrenem Auslegekran, Hubgewicht 1750 kg, in der Europakanal-Schleuse gegen die Regensburger Protzenweiherbrücke. Eine Gasleitung wird zerstört, das ausströmende Gas entzündet sich, teilweise schmelzen sogar die Stahlträger.[47]

Was kaum jemand ahnte: nicht nur die Stahlträger der Brücke, auch tragende Teile unseres Rechtssystems könnte der Unfall zum Schmelzen bringen. Voraussetzung dafür wäre, es ist Rechtswirklichkeit, was der Regensburger Universitätsprofessor Dr.-jur. Gerrit Manssen in seinem Gutachten festgestellt hat.[51] Ob es das ist, mussten Gerichte klären. Was die Redaktion der „Binnenschifffahrt" unter meiner Chefredaktion zu klären hatte, war die Frage, ob man Manssen in dieser Zeitschrift eine zusätzliche Plattform zur Darstellung geben sollte.

Gern hätten wir damals die Gegenposition zu Wort kommen lassen. Doch verweigerte dies die Sento-Seite mit dem Hinweis, man äußere sich nicht zu laufenden Rechtsstreitigkeiten in der Öffentlichkeit. Das war zwar ein Grund, wäre aber aus meiner Sicht kein Hindernis gewesen; schließlich war das Verfahren selbst öffentlich. Dahinter stand vielmehr der Vorwurf, wir betrieben in der „Binnenschifffahrt" mit unserer Veröffentlichung zu Manssens Thesen Nestbeschmutzung.

Das Nest des Binnenschiffgewerbes beschmutzten indes gar nicht wir von der „Binnenschifffahrt". Auch Manssen nicht. Das Nest war durch den Unfall bereits hinreichend und in aller Öffentlichkeit beschmutzt; da war nicht mehr viel zusätzlich zu beschmutzen. Was Manssen ansprach, waren bestehende Regelungen in Binnenschifffahrtsrecht und Verfassung. Die aber waren schon da, bevor der Unfall passierte, bevor Manssen sein Gutachten erstellt hatte und bevor „Binnenschifffahrt" Manssens Thesen nunmehr abdruckte. Kam hinzu, dass in das damalige Verfahren hohe und höchste Organisationen und Stellen wie ein Energieversorgungsunternehmen und eine Großstadt eingebunden und die Verfassung der Bundesrepublik berührt waren.

So wie jenes Verfahren des MS „Sento" offen von möglichst vielen, auch an der Binnenschifffahrt Beteiligten in einer breiten Öffentlichkeit diskutiert gehörte, so gehört die Misere in der Binnenschifffahrt im Allgemeinen und die der in ihr Beschäftigten auch der WSV offen und von möglichst vielen nicht nur in der Binnenschifffahrt, sondern darüber hinaus in der breiten Öffentlichkeit diskutiert. Da muss es sich derjenige oder, wie in diesem Fall, diejenige Organisation wie eine Gewerkschaft nicht gefallen lassen, als Netzbeschmutzer, Anheizer einer bestehenden Krise oder gar Totengräber der Binnenschifffahrt beschimpft zu werden.

Wenn wir aber schon dabei sind, dass nicht der Überbringer der schlechten Nachricht, sondern der Verursacher derselben irgendwelche Nester beschmutzt, dann wird man zumindest fragen dürfen, wer denn an der Misere der Binnenschifffahrt zumindest tagtäglich mitstrickt. Etwa dadurch, dass er als multimodal aufgestellter Befrachter oder Reeder die Frachtraten bis unter die Dumpingschmerzgrenze drückt, keine auskömmlichen Liegegelder zahlt, Partikuliere mit Phantasieauftragszusagen immer wieder in horrende Bankkredite für Schiffsneubauten in einem ohnedies schon wegen des immensen Schiffsraumüberhangs nicht nur schwer, sondern schwerst gestörten Markt treibt.

Eines wird man dem Streik auf jeden Fall zugutehalten müssen. Er hat erstmals in der Geschichte der WSV bewirkt, dass das Vorhandensein einer Wasser- und Schifffahrtsverwaltung, in vielen Fällen womöglich das von Wasserstraßen und Binnenschifffahrt in einer breiteren Öffentlichkeit bekannt gemacht wurde. Sicher hätte man auch hier noch mehr tun können.

Zum Beispiel hätte man viele der sonst allgemein berichtenden Journalisten mit mehr Hintergrundwissen über Wesen und Wirken von Binnenschifffahrt und Verwaltung ausstatten können, um wenigstens einige der allzu platt übernommenen Verlautbarungstexte in ein objektiveres Licht zu rücken.

Auch kann festgehalten werden: Der Zeitpunkt hätte im Hinblick auf die Wahlkämpfe in Bayern und im Bund kaum besser gewählt werden können, von einer vorherigen Abstimmung mit den Verbänden der Binnenschifffahrt einmal abgesehen. Die Streiks sind für die vom zeitweiligen Ausfall der Schleusen betroffenen Unternehmen sicherlich kein Kinderspiel. Das weiß auch die Gewerkschaft Ver.di. Aber, so ist Meerkamp zuzustimmen, bei weiterem Zuwarten wären langfristig weitaus schwerwiegendere Folgen für die gesamte Branche der Binnenschiffer zu befürchten.

Wann sonst wäre denn ein besserer Zeitpunkt gewesen? Es geht der Binnenschifffahrt nicht erst seit Beginn des Streiks schlecht, sondern mindestens schon seit vier Jahren, vier Jahre, in denen die Mitarbeiter der Wasser- und Schifffahrtsverwaltung geduldig zugewartet haben, weil wahrscheinlich immer der Zeitpunkt nicht passend war. Von allen Zeitpunkten der vergangenen vier Jahre hat aber dieser den ungemein attraktiven Vorteil, dass er in den voraussichtlich letzten Wahlkampf vor der endgültigen Zerschlagung der WSV fällt. Ein besserer Zeitpunkt lässt sich kaum denken, auch nicht für eine Reederschaft, die an einem Fortbestand der WSV ein vehementes Interesse haben müsste und angeblich auch hat.

Richtig ist, dass diejenigen, die es sich am wenigsten leisten können, vor allem mittelständische Unternehmen der Binnenschifffahrt, Partikuliere, Reedereien und Häfen unter einer nun schon vier Jahre dauernden katastrophalen Markt- und Frachtenentwicklung und zumal im Frühsommer 2013 hereingebrochenen Flutkatastrophe zu leiden haben. Sie leiden jetzt wieder – unter der Reform, aber doch nicht unter dem Streik. Das wäre so, als wenn man eine Operation am Patienten für dessen Leiden verantwortlich machte, statt des Tumors, der das Leiden verursacht.

Alle Appelle an Reeder, Wirtschaft und Politik haben aber nichts gefruchtet. Auch und zumal die Reeder leiden unter der Misere in der Binnenschifffahrt. Umso unverständlicher ist es, dass die Branche der Reeder in der Binnenschifffahrt es meint sich leisten zu können, in unversöhnlicher Aufsplitterung der Branche dem Streik der WSV-Mitarbeiter ihre rückhaltlose Unterstützung zu verweigern.

Zugegeben: die Leidtragenden, die weder an ihrer Misere noch an dem Streik der WSV-Mitarbeiter eine Schuld trifft, sind Partikuliere und Schiffseigner, die nicht fahren können. Sie sind die Letzten, die die Hunde beißen. Sie sind mit dem Streik von einem Ereignis der Höheren Gewalt betroffen. Ereignisse Höherer Gewalt haben es an sich, dass sie unabwendbar sind wie Naturkatastrophen oder auch schon Unwetter wie Trockenperioden, Hochwasserperioden oder Eisgang. Wie diese, gehören sie zum täglichen Brot des Binnenschiffers.

Wie professionelle Schiffsführer damit umgehen, dazu wieder Kapitän Reinhold Scheermann vom MS „Recaro" im Winter 2010 an Bord seines Schiffes auf meine Frage, ob er denn unter dem Eisgang arg zu leiden habe: „Nicht mehr und nicht weniger als in anderen Jahren auch. Man muss das Beste draus machen. Und, ganz ehrlich gesagt, eine solche Zwangspause hat auch ihre guten Seiten. Man kommt zwangsläufig dazu, Arbeiten zu erledigen, zu denen man in der Alltagshektik des normalen Betriebes sonst nicht käme. Ich verstehe das Gejammere nicht." Es wird Zeit, dass die Binnenschifffahrt, die in ihr Tätigen und die sie Inanspruchnehmenden lernen, mit dem Ereignis Höherer Gewalt Streik umzugehen lernen.

Der Fachjournalist Christian Grohmann rät wohl nicht zu Unrecht, die Betroffenen sollten sich in „kreativen Protestmethoden üben, um auf die eigene Lage hinzuweisen".[52] Er kann sich vorstellen, dass die Beschäftigten der deutschen Binnenschifffahrt zuzüglich betroffener Hafenarbeiter und ausländischer Schifferkollegen zumindest die Tarifparteien an den Verhandlungstisch bewegen könnten.

Grohmann wörtlich: „NGO-Aktivisten stellen das Bienensterben vor der Aktionärsversammlung eines Chemiekonzerns dar oder fluten den Empfangsbereich einer Automobilbauer-Konferenz mit schwarzen Luftballons. (…) Was hindert den zwischen zwei bestreikten Schleusen festsitzenden Schiffer, sich mit Nachen oder Rettungsring frei nach dem Motto ‚Lasst uns nicht auf dem Trockenen sitzen!' vor Verkehrsministerium, Bundes- oder Landtag zu postieren, eine Flaschenpost mit den Umsatzerwartungen der nächsten Wochen und Monate an den Verkehrsminister zu schicken oder ein streiktägliches, bundesweites 10-Uhr-Typhonkonzert zu initialisieren?"

Grohmann hält Binnenschiffer durchaus nicht zum „Abwarten verdammt", wenn er schreibt: „Wenn sich unzufriedene Gruppen selbst im Angesicht repressiver Staatsgewalt überall auf der Welt über Foren, Fachportale und Facebook Gehör verschaffen", müsse das auch der traditionsreichen Binnenschifffahrt gelingen.

Den Anfang haben die WSV-Mitarbeiter und ihre Gewerkschaft Ver.di gewagt. Allein darin liegt schon ein Verdienst. Sie haben ein großes Beispiel gegeben, an dem sich andere Beteiligte der Binnenschifffahrt aufrichten können. Sie müssen es, wenn sie eine Zukunft für ihr Gewerbe sicherstellen wollen.

PERSONEN- UND SACHREGISTER

A

Abu Dhabi 44
Abu Dhabi MAR 44
ADM Shipyards 44
ADN 91, 92
Afghanistan 11
Ägypten 7
Albanien 70
Allerdüker 39
Amt für Neckarausbau Heidelberg 60
ARA 28, 77
Arabischer Frühling 11
Aschaffenburg 44, 45, 55
Aster, Detlef 86

B

Bachhausen 54
Baden-Württemberg 18, 37
Bamberg 42, 55
Barge to Business 88
Barßel 78
Barthel-Werft 64
Bayern 18, 28, 54
BBU 105
BDB 21, 22, 24, 25, 28, 29, 31, 32, 58, 89, 91, 93, 97, 98, 101-107, 113, 125, 127
BDI 20
BDS 21
Beckmeyer, Uwe 14, 15
Beckschäfer, Andrea 20
Benelux 74, 75
Bergeshövede 53
Berlin 40
Bernabei, Cesare 79, 80, 88, 126
Bevergern 81
Bierweiler, Eugen 48
Bingen 64
Bleidißel, Steffen 63
Bode, Jochen 47, 49
Böhm, Monika, Prof. Dr. 14
Bordt 63

Bosnien-Herzegowina 70
Brandenburg 40
Bremen 15, 18, 74
Bretz, Michael 109, 110
Brohl 62, 64
Brunsbüttel 35
Brüssel 16, 59, 67, 74-76, 79, 84, 101
Buchholz, Henning 56, 57, 58
BUND 11, 71, 73
Bundesinnenminister 20
Bundesrat 15
Bundesregierung 15, 18, 20
Bundestag 15
Bundestagsausschuss für Verkehr 26
Bundesverkehrsministerium 18, 75, 76, 80, 97, 98
Bures, Doris 88

C

Centraal Plan Bureau 100
Chemische Produkte 91
CMN 44
Connemann, Gitta 79
c-Port 81
Creditreform 107, 108, 109, 110
CSU 14, 78, 87

D

Dänemark 63
DB Station & Services AG 9
Deggendorf 12
DEK 75, 77, 81, 82
de Palacio, Loyola 70
Derben 64
Dettelbach 54
Deutsche Bahn 9, 40, 102
Deutsche Bundesbahn. Siehe Deutsche Bahn;
Diesel 91
Dieter I und II, Hochs 46
Donau 28, 32, 35, 42, 46, 54, 55, 63, 85, 87, 88, 114
Döring, Patrick 25

Dörpen 75, 78, 81, 82, 83
Dortmund-Ems-Kanal 75, 80, 83
Dresden 12
DTG Deutsche Transport-Genossen-
 schaft Binnenschifffahrt eG 56, 107
Duisburg 25, 26, 61, 91, 127
Düker 39
Dünner, Hans-Wilhelm 12, 13, 67

E

Edewecht 79
EG 83, 84, 89, 98, 99, 103
Eider 44
Eisbrecher 50, 53, 54, 55
Eisenbahn 26, 56
Eisernen Rhein 28
Elbe 13, 32, 53, 61, 63, 64
Elbe-Seitenkanal 53
Elbeu 39
Elisabethfehnkanal 78, 82
Ems 32, 75, 77, 83, 84
Emsland 32
Energieinfrastruktur 73
Energieversorgung 10, 95
Erderwärmung 47
Erlabrunn 42, 43
ESO 94, 95, 96, 107
Essen 70, 73
EU 10, 31, 63, 70, 72, 73, 75, 76, 78, 79, 80, 83, 84, 88, 89, 90, 92, 93, 94, 98, 99, 100, 103, 104, 105
EU-Kommission 10, 68, 72, 75, 80, 90, 92, 98, 100, 103, 104, 105
EU Parlament 73
EU-Parlament 10
Europäische Union 11
Europaschiff 81, 83
Eveslage, Hans 79
EWG 89

F

Faaborg Werft 63
Fachstelle für Maschinenwesen Nürn-
 berg 63, 64
Fahrgastschiff 42

Fahrgastschifffahrt 19, 22
Falkland 11
FDP 25, 28, 87
Feudenheim 36, 48, 49, 52
Feuerwehr 12
First Rail Estate 9
Freiburg 49
Friedrich, Hans-Peter 20
Friesland 77

G

Galtieri, Leopoldo 11
Gas 91
GD Move 68, 79, 88
GDWS 14, 30, 31, 33, 35
Gefahrgut 91
Geierfonds. Siehe Hedge Fonds;
General-Anzeiger 79
Gerlachshausen 42, 43, 55
Giest, Holger 79, 83
Gleesen 81
Goßmannsdorf 42, 43
Göteborg 72
Greenpeace 11
Grimma 12
Grohe 9, 10
Grohmann, Christian 118, , 127
Groningen 77
Groote, Matthias 79, 80
Großmotorgüterschiff 81, 83
Grote, Harald 40
Grulois, Philippe 93, 94
Grünen. Siehe Bündnis 90/Die Grünen;
Guttenbach 50

H

Hafen Regensburg 55
Hafentechnischen Gesellschaft 41
Hannover 38, 53
Hausen 54
Hecken-Fonds. Siehe Hedge-Fonds;
Hedge-Fonds 7, 11
Heidelberg 36, 47, 48, 49, 50, 52, 53
Heilbronn 36, 37, 47, 48, 49, 50, 59
Helmstedt 39, 40, 41

Hering, Ingelore 40
Herzog, Gustav 14, 15
Heuschrecke 7, 8, 9, 10, 24
Hildebrandt, Holger 19
Hildesheim 32, 53
Hirschhorn 50
Hochwasserschutz 12, 13
Hofreiter, Anton 27
Holzenkamp, Franz-Josef 79
Hötte, Georg 21, 22, 24, 26
HSW 36
Huber, Jörg 49, 50, 52, 59
Hundsmühlen 81, 83
Hunte 74, 80, 81
Hupe, Horst 36
Hurricane Katrina 11
Hussein, Saddam 11

I

Indischer Ozean 11
Indonesien 11
Insolvenz 21, 92, 101, 105
Instandsetzungsarbeiten 40, 42, 43, 63
Instituut voor het transport langs de binnenwateren 103
Irak 11
Israel 7
Iveco 65

J

Jaegers, Gunther 89, 91, 97
Jahrhunderthochwasser 11, 17
Jeske, Michael 21
Jochenstein 55
Joeris, Heinz-Josef 66

K

Kachlet 55
Kampe 81, 83
Kernnetz 31, 75, 76, 78, 79, 80, 81, 83
Ketterer 64
Kindt, Hubert 40
Kissing 22
Kitzingen 41, 42, 43, 44
Kraftwerke 50

Kroatien 70
Kündigung 20
Küstenkanal 32, 74, 75, 76, 77, 79, 80, 81, 82, 83, 84

L

Ladenburg 47, 48, 49
Lauenburg 13
Lausch, Petra 79
Linden 53
Lissabon. Siehe Vertrag von Lissabon
Loire 10

M

Magdeburg 26, 32, 39, 40, 53
Main 9, 32, 35, 41, 42, 43, 44, 46, 54, 55, 63
Main Asset 9
Mammoet 61
Mannheim 36, 47, 48, 49, 50
Mannheimer Akte 68
Manssen, Gerrit 114, 115, 127
Markewitsch, Gebr. 44
Marktheidenfeld 42, 55
Marktstörung 89, 90, 92, 95, 96, 98, 99, 100, 101, 103, 105, 106
MAS 62
Mazedonien 70
Meerkamp, Achim 19
Meppen 75, 83
Minden 53, 56
Ministerium für Umwelt und Klimaschutz 38
Mittellandkanal 32, 38, 39, 40, 53, 56, 63, 77, 80
Mittelweser 77
Mobilbautechnischer Industriekomplex 11
Monitoring-Gruppe 86
Montenegro 70
Mosel 32, 37
Moses 7
Müller, Firma 50
München 16, 42
Müntefering, Franz 7

N

NABU 11
Nahost 11
Naturschutz 28, 88, 105
Neckar 32, 37, 47, 48, 49, 50, 52, 59, 60
Neckargartach 36, 52
Neckargemünd 48, 50
Neckarsteinach 48, 50
Neckarsulm 48, 50
Neckarzimmern 50
Netzkategorisierung 32
Netzstruktur 29
Neubauamt 35, 39
Niedersachsen 18, 38
Nobiskrug GmbH 44
Nord-Ostsee-Kanal 63, 74
Nordrhein-Westfalen 18
Nordwest-Zeitung 80
Nürnberg 44, 45, 54, 63

O

Odenwald, Michael 30
Oeltrans 107, 109
Oldenburg 32, 74, 80, 82, 83
Osnabrück 32, 53, 80
Ostdeutschland 9
Osterhausen 78
Ostrhauderfehn 79
Ostsee 63
Ottendorf 42, 43

P

Partikulier 21, 23, 90, 94, 95, 96, 98, 99, 117
Patron Capital 9
Paz Estenssoro, Victor 11
Peijs, Karla 80
Pinochet, Augusto 11
Planfeststellungsverfahren 14
Plochingen 36, 37, 59
PPP 72
Prekäre Arbeitsverhältnisse 22
Preußen 27, 84
Priorisierung 29, 31, 75

Private-Equity 7
Privatisierung 9, 23, 25, 29
Pronold, Florian 16

Q

Quispel, Martin 100, 101

R

Railistics 31, 76
Ramsauer, Peter 13, 14, 16, 20, 27, 31, 76, 78
Rathgeb, Andreas 60, 62
Reeder 23, 24, 25, 46, 56, 78, 90, 95, 98, 99, 101, 117
Regensburg 45
Renaturierung 27
Rendsburg 44
Reservefonds 92, 98, 99, 106
Restwasserstraße 10
Rhauderfehn 79
Rhein 28, 32, 59, 62, 63, 64, 65, 74, 91, 104
Rheinland-Pfalz 15, 18
Rhenus PartnerShip 24
Rijkswaterstaat 77
Rockefeller, Nelson 30
Rockenau 50, 52
Rosslau 61
Roßlauer Schiffswerft 61
Rothensee 53
Roth, Karin 97
Ruhrgebiet 28

S

Saale 13, 32
Saarland 18
Sachsen 12
Salzgitter 40, 53
Scheermann, Reinhold 56, 57, 58
Scheinselbständigkeit 23
Schiffahrt Hafen Bahn und Technik 12
Schiffe
„Atlas" 61
„Brohl" 64, 65
„Büffel" 61

„Dauchstein" 50
„Milan" 50
„Müller III" 50
„Plittersdorf" 49
„Recaro" 56, 117
„Reiher" 50
„Ritter Götz" 50
„Seidlstein" 55
„Sento Rotterdam" 114, 115
„Steinbeißer" 62, 63
„St. Goar" 64
„Tiefburg" 50
„Unkelstein" 65
„von Grassmann" 54, 55
„Waldhof" 65, 66
„Worms" 49
„Württemberg" 50
„Zander II" 62, 63

Schleswig-Holstein 15, 44, 74
Schleusentor 43, 44, 50, 52, 54
Schleuse Ottendorf 55
Schobert, Wittich 41
Schoppmann, Heinrich 41, 42, 45, 63
Schwarz, Hans Egon 13, 14, 56
Schweinfurt 41, 42, 43, 44, 45, 55, 62
Seehäfen 71, 74
Seiwald, Thorsten 75, 78, 82
Serbien 70
Siemer 78
SPD 7, 14, 15, 16, 29, 79, 97
Stade 26
Standard Oil 30
Stenglein, Jens 37
Straubing 55
Streichan, Andreas 41
Stuttgart 36, 37
Stuttgart21 61
Südamerika 11
Süddeutsche Zeitung 9
Suharto, Tommy 11
Sülfeld 38, 39, 53
Surwold 81
SUT. Siehe Schiffahrt Hafen Bahn und Technik

T

Tajani, Antonio 93
Taliban 11
Tarifvertrag 20
Technisches Hilfswerk 12
TEN-V 31, 67, 70, 71, 75, 76, 78, 79, 81, 83, 84
Thatcher, Margaret 11
Transeuropäisches Verkehrsnetz 87
Transportunternehmer 23
Transversale Schwarzes-Meer-Nordsee 28
Tschechien 13
Tsunami 11

U

Untertürkheim 58, 59, 60, 62
USA 11

V

Vanderhaegen, Marc 79
van Miert, Karel 70
Ver.di 18, 19, 20, 22
Verkehrsinfrastruktur 10, 11, 73
Verkehrsprojekt 17 Deutsche Einheit 39
Vertrag von Lissabon 76
Vogelschutz 11
von Grassmann 54, 55
Vorderwinkler, Reinhard 88

W

Wahlheim 50
Waldhof 65, 66
Wasserkraftwerke 37
Wasserschutzpolizei 78
Wasser- und Schifffahrtsamt 12, 35, 36, 45, 48, 54, 56
Wasser- und Schifffahrtsdirektionen 14, 35
Wasser- und Schifffahrtsverwaltung 18, 20, 21, 25, 27, 31, 37, 38, 67, 75, 76, 111, 112, 113, 114, 116, 117
Wasserversorgung 10
Wehr 37, 47, 48, 49, 50, 58, 59

WEKA-Verlag 22
Werkvertrag 23
Weser 32, 40, 53, 57, 77, 78, 83, 84
Westerwelle, Guido 28
Wieblingen 47, 50
Wiener Kongress 26, 27
Wilhelm, Deutscher Kaiser 27
Wirtschaftswoche 26
Wittenberg 12
Wolfsburg 38, 39, 53
WSA Bingen 64
WSÄ BU 35
WSA Heidelberg 47, 49, 59, 60
WSA Koblenz 65
WSA Mannheim 49
WSA Meppen 79

WSA Minden 56, 57
WSA Nürnberg 54
WSA Regensburg 55
WSA Schweinfurt 42, 54
WSA Stuttgart 60
WSD Mitte 40, 53
WSD Süd 63, 86
WSD Südwest 37, 64
WSV-Reform 13, 24, 29, 30, 31, 41
Würzburg 41, 42, 44, 62, 63

Z

Zander II 62
Zerschlagung 11, 15, 16, 23, 26, 46
Ziegler 44
ZKR 67, 68, 69, 102

ANMERKUNGEN

1 Milton Friedman (* 31. Juli 1912 in Brooklyn, New York City; † 16. November 2006 in San Francisco), US-amerikanischer Wirtschaftswissenschaftler für Makro- und Mikroökonomie, Wirtschaftsgeschichte und Statistik. Er war Professor an der Universität von Chicago und erhielt 1976 den Nobel-Preis für Wirtschaftswissenschaften. Friedman gilt neben John Maynard Keynes als der einflussreichste Ökonom des zwanzigsten Jahrhunderts (Wikipedia). Anderen gilt der Begründer der sogenannten Chicagoer Schule als Oberguru des skrupellosen Kapitalismus' und der Mann, der das Regelwerk für die gegenwärtige, hypermobile Weltwirtschaft und die hemmungslose Privatisierung bislang reibungslos in staatlicher oder öffentlich-rechtlicher Regie funktionierender Infrastruktursysteme infolge von allgemeinen Massenschockzuständen nach Kriegen oder Naturkatastrophen wie beispielsweise des Schulsystems in New Orleans nach Hurricane Katrina verfasste. Äußerst aufschlussreich ist in diesem Zusammenhang das Buch „Die Schock-Strategie – Der Aufstieg des Katastrophen-Kapitalismus'", Naomi Klein, Fischer-Verlag, Hamburg 2010

2 Heuschreckendebatte, Wikipedia, Internet http://de.wikipedia.org/wiki/Heuschreckendebatte#Schwarze_Liste_in_stern.de

3 Bovine spongiforme Enzephalopathie, kurz BSE, (deutsch: „die schwammartige Gehirnkrankheit der Rinder") oder Rinderwahn, eine Tierseuche, Wikipedia, http://de.wikipedia.org/wiki/Bovine_spongiforme_Enzephalopathie#Vereinigtes_K.C3.B6nigreich

4 Das deutsche Bahnhofsdrama, in: „Süddeutsche Zeitung", 23. Juli 2011

5 Die genannten Regierungschefs haben in ihren betreffenden Ländern mit Krieg,

Gewalt und Terror jeweils einen derartigen landesweiten Schock erzeugt, der es ihnen ermöglichte, bis dahin reibungslos in staatlicher oder wenigstens öffentlicher Regie funktionierende Versorgungs- und Infrastruktureinrichtungen so zu zerschlagen, dass sie für die rasche und radikale Privatisierung an internationale Konzerne übernahmefähig waren. Derselbe Effekt kommt solchen Privatisierungen zugute, wenn Naturkatastrophen wie Tsunamis oder Hurrikane die Bevölkerung in eine ähnliche Schockstarre versetzen. Näheres dazu in dem Buch von Naomi Klein, s. Anmerkung 1.

6   Rohrkrepierer WSV-Reform, Hans-Wilhelm Dünner, Schiffahrt Hafen Bahn und Technik (SUT) 5/2013, S. 3

7   Rechtsgutachten bescheinigt Schwarz-Gelb schwere Verfahrensmängel bei WSV-Umbau, Pressemitteilung vom 4. Juni 2013

8   Presseinformationen von Ver.di vom 5., 10. und 12. Juli 2013.

9   Streik der Schleusenwärter zerrt an den Logistikketten, Pressemitteilung des BME vom 1. August 2013

10 Der Streik ist unverhältnismäßig, Pressemitteilung, Bundesverband der Deutschen Industrie e.V., 11. Juli 2013

11 Email-Verkehr des Autors mit Andrea Beckschäfer vom 17. Juli 2013

12 Email-Verkehr des Autors mit Michael Jeske vom 23. Juli 2013

13 ver.di ruft die Mitarbeiter der WSV zum Streik auf – Schifffahrtsgewerbe reagiert massiv verärgert, Pressemitteilung, BDB, 5. Juli 2013

14 Prekäre Arbeitsverhältnisse, Friedrich Oehlerking, WEKA Business Portal, WEKA MEDIA GmbH & Co. KG, Kissing, www.weka.de

15 Jeden Tag bis zu 350 Schiffe in Fahrt, Krischan Förster, in „Binnenschifffahrt", Verlag Tamm Media, Hamburg, 7/2013, S. 19 ff.

16 „Wirtschaftswoche", 8/2010 vom 22. Februar 2010

17 FDP agitiert gegen Binnenschifffahrt, in „Binnenschifffahrt", Verlag Tamm Media, Hamburg, 3/2010, S. 7

18 BDB verärgert über das Vorgehen des Bundesverkehrsministeriums, BDB, Pressemitteilung vom 18. März 2011

19 König Öl, Facharbeit Gymnasium Andreanum Hildesheim, Friedrich Oehlerking, Hildesheim, 1968, unveröffentlicht

20 WSV-Reform: Zentralamt ist da, „Binnenschifffahrts-Report", Informationen des Bundesverbandes der Deutschen Binnenschifffahrt e.V. 2/2013, S. 13

21 Wasserstraßen neu kategorisiert, Ämter abgebaut, Friedrich Oehlerking, „Binnenschifffahrt", Verlag Tamm Media, Hamburg, 7/2012, S. 10 ff.

22 Wasserstraßenbau hilft gegen Hochwasser, Friedrich Oehlerking, „Binnenschifffahrt", Verlag Tamm Media, Hamburg, 3/2/2012, S. 94 ff.

23 20 Jahre Wasserstraßen-Neubauamt, Friedrich Oehlerking, „Binnenschifffahrt", Verlag Tamm Media, Hamburg, 7/2012, S. 57

24 Punktlandung bei Instandhaltung, Friedrich Oehlerking, „Binnenschifffahrt", Verlag Tamm Media, Hamburg, 6/2012, S. 52 f.

25 Wenn Wasserstraßen zu Betonpisten werden, Friedrich Oehlerking, „Binnenschifffahrt", Verlag Tamm Media, Hamburg, 3/2012, S. 24 ff.

26 Erfolg am Wasserstraßenkreuz, Interview, Friedrich Oehlerking, „Binnenschifffahrt", Verlag Tamm Media, Hamburg, 3/2010, S. 48 f.

27 Verschlüsse Wehr Untertürkheim eingesetzt, Friedrich Oehlerking, „Binnenschifffahrt", Verlag Tamm Media, Hamburg, 3/2012, S. 81 f.

28 Zwei neue Arbeitsschiffe getauft, Friedrich Oehlerking, „Binnenschifffahrt", Verlag Tamm Media, Hamburg, 11/2011, S. 41 f.

29 Editorial SUT 5/2013, S. 3

30 Editorial SUT 3/2013, S. 3

31 Neue Verwaltungsvereinbarung zur Förderung der Binnenschifffahrtin der Europäischen Union, Pressemitteilung, ZKR, Brüssel, 22. Mai 2013

32 Die Verkehrsbedeutung und künftige Potentiale, Thorsten Seiwald, Supplement „75 Jahre Küstenkanal", in „Binnenschifffahrt", Verlag Tamm Media, Hamburg, 10/2010, S. 27 ff.

33 EU-Grundlagenvertrag oder -Reformvertrag von Lissabon, offizielle Bezeichnung „Vertrag von Lissabon zur Änderung des Vertrags über die Europäische Union und des Vertrags zur Gründung der Europäischen Gemeinschaft", veröffentlicht im ABl. 2007/C 306/01, zwischen den 27 Mitgliedstaaten der Europäischen Union. Wesentlich für die Kompetenzregelung in der TEN-V-Frage ist die durch den Vertrag von Lissabon vorgenommene stärkere Beteiligung der nationalen Parlamente bei der Rechtsetzung der EU, hier eben das Vetorecht.

34 Ohne Kanal Autobahnen noch voller, Reinhard Klingen, Supplem. „75 Jahre Küstenkanal", in „Binnenschifffahrt", Verlag Tamm Media, Hamburg, 10/2010, S. 2

35 Email v. 8. August 2013

36 Landkreis Cloppenburg, Region stemmt sich gegen Reformpläne, in „General-Anzeiger", Rhauderfehn, 15. November 2012

37 Wasserschutzpolizei: Siemer-Boote in Hessen, Friedrich Oehlerking, in „Binnenschifffahrt", Verlag Tamm Media, Hamburg, 5/2010, S. 50

38 Gespräch des Verfassers mit Marc Vanderhaegen und Cesare Bernabei in dessen Brüsseler Büro am 23. November 2012.

39 „Sieg der Vernunft" für Kanal, Nordwest-Zeitung, Oldenburg, 31. Mai 2013

40 Die bauliche Situation und notwendige Investitionen, Holger Giest, Supplement „75 Jahre Küstenkanal", in „Binnenschifffahrt", Verlag Tamm Media, Hamburg, 10/2010, S. 10 ff.

41 Hahn hält Ruckrede zu Donauausbau, Friedrich Oehlerking, „Binnenschifffahrt", Verlag Tamm Media, Hamburg, 5/2012, S. 20

42 Trübe Aussichten in der europäischen Tank- und Chemieschifffahrt, Pressemitteilung, BDB, 19. September 2012

43 EU soll helfen, Hermann Blankmann, „Binnenschifffahrt", Verlag Tamm Media, Hamburg, 8/2009, S. 8

44 ESO will Unternehmen mit eigenem Schiffsraum stabilisieren, Bundesverband der Selbständigen, Abteilung Binnenschiffahrt e.V., „Binnenschifffahrt", Verlag Tamm Media, Hamburg, BDS-Teil, 4/2012, S. 75

45 Schlimmste Krise der Binnenschifffahrt in der Nachkriegszeit, aber: BDB sieht die Voraussetzungen für eine „schwere Marktstörung" im Sinne der Reservefonds-Verordnung derzeit nicht gegeben, Aktuelle Meldungen des BDB, Duisburg, 2009, http://www.binnenschiff.de/aktuell/2009/meldung030809.htm

46 Überkapazitäten und niedrige Frachtraten, Hermann Garrelmann, in „Binnenschifffahrt", Verlag Tamm Media, Hamburg, 2-3/2012, S. 10 f.

47 Die Binnenschifffahrt in Europa steckt in der Krise, „Binnenschifffahrts-Report", Informationen des BDB 2/2013, S. 5 ff.

48 Schwacher Güterverkehr, Deutsche Bahn senkt Prognose, in n-tv, 30.5.2013, http://www.n-tv.de/wirtschaft/Deutsche-Bahn-senkt-Prognose-article10736416.html

49 Frühjahrsplenartagung 2013 der ZKR, Pressemitteilung CC/CP (13) 03 vom 3. Juni 2013, Straßburg

50 Die Finanzierungssituation in der deutschen Binnenschifffahrt, Michael Bretz, „Binnenschifffahrt", Verlag Tamm Media, Hamburg, 1/2012, S. 22 f..

51 Der Fall MS „Sento", Editorial, Friedrich Oehlerking, „Binnenschifffahrt", Verlag Tamm Media, Hamburg, 11/2009, S. 1, und Muss die Verfassung umgeschrieben werden?, Prof. Dr.-jur. Gerrit Manssen, ebenda, S. 76 f.

52 Standpunkt Schleusen-Streik: Zeit zu Handeln, Christian Grohmann, Bonapart 14/2013

ABKÜRZUNGEN

ADN	*European Agreement concerning the International Carriage of Dangerous Goods by Inland Waterways Navigation (ADN)*, Europäisches Übereinkommen über die Internationale Beförderung von gefährlichen Gütern auf Binnenwasserstraßen
ARA	Antwerpen, Rotterdam, Amsterdam
BBU	Binnenvaart Branche Unie
BDB	Bundesverband der Deutschen Binnenschiffahrt e.V.
BDS	Bundesverband der Selbständigen, Abt. Binnenschiffahrt e.V.
BME	Bundesverbandes Materialwirtschaft, Einkauf und Logistik e.V.
BMVBS	Bundesministerium für Verkehr, Bau und Stadtentwicklung
BSE	Bovine spongiforme Enzephalopathie, Rinderwahn
BUND	Bund für Umwelt und Naturschutz (BUND) e.V..
DB	Deutsche Bahn, früher Deutsche Bundesbahn
DEK	Dortmund-Ems-Kanal
DIN	Deutsche Industrie-Norm
EG	Europäische Gemeinschaft
EIB	Europäische Investitionsbank
ELK	Elbe-Lübeck-Kanal
ESK	Elbenseitenkanal
EG-WRRL	Wasser-Rahmenrichtlinie der EG
EU	Europäische Union
EWG	Europäische Wirtschaftsgemeinschaft
FDP	Freie Demokratische Partei
FMS	Fachstelle Maschinenwesen Süd Nürnberg
GDWS	Generaldirektion Wasserstraßen und Schifffahrt
GGMS	Großgütermotorschiff
GMS	Gütermotorschiff
HSW	Höchstschiffbarer Wasserstand
ITB	*Instituut voor het transport langs de binnenwateren v.z.w., Institut pour le Transport par Batelle*rie *a.s.b.l.*, Institut für Binnenwasserstraßentransporte (Belgien)
KüK	Küstenkanal
Lkw	Lastkraftwagen
MAS	Mehrzweckarbeitsschiff
MB	Motorboot
MDK	Main-Donau-Kanal
MLK	Mittellandkanal
MS	Motorschiff
NABU	Naturschutzbund Deutschland e.V.
NAIADES	*NAvigation Inland waterways Action and DEvelopment Strategy*
NGO	*Non-governmental Organisation*, Nicht-Regierungsorganisation
RHK	Rhein-Herne-Kanal
SG	Schwimmgreifer

SPD   Sozialdemokratische Partei Deutschlands
TEN-V/-T   Transeuropäisches Netzwerk (Verkehr) / *Transeuropean Network Traffic*
TEU   *Twenty-foot Equivalent Unit*, 20-Fuß-ISO-Container,
THW   Technisches Hilfswerk
TMS   Tankmotorschiff
WNA   Wasserstraßen-Neubauamt
WSA   Wasser- und Schifffahrtsamt
WSD   Wasser- und Schifffahrtsdirektion
WSV   Wasser- und Schifffahrtsverwaltung
ZARA   Zeebrugge, Antwerpen, Rotterdam, Amsterdam

ABBILDUNGEN

Abb. 1: Organigramm WSV-Struktur, Stand 2012 © BMVBS 2012, S. 33

Abb. 2: Die neue Kategorisierung der Bundeswasserstraßen © BMVBS 2012, S. 34

Abb. 3: Osthaltung des Mittellandkanals © WSV 2012, S. 41

Abb. 4: Lagebesprechung Foto: Marina Oehlerking, S. 43

Abb. 5: Unterhaupt der Schleuse Kitzingen Foto: Marina Oehlerking, S. 45

Abb. 6: Eisstoßen an der Schleuse Rockenau am Neckar. Foto: WSA Heidelberg., S. 51

Abb. 7: Eisstoßen Schleuse Rockenau Foto: WSA Heidelberg, S. 51

Abb. 8: Wehrverschluss Wehr Untertürkheim Foto: Marina Oehlerking, S. 61

Weitere Titel von Friedrich H.B. Oehlerking in Vorbereitung
Im SUPERWAHLJAHR 2013
Rechtzeitig zur Bundestagswahl 2013 am 22. September 2013
und zur Landtagswahl in Bayern 2013 am 15. September 2013

„Freifließende" Flüsse
Grüne gegen Biotope?
Unter Rot-Grün transportieren wir uns kaputt · Ohne Wasserstraßenbau gehen wir im Transport-Tsunami unter · Ohne Binnenschiff droht der Autobahn-Super-Stau
Erscheinungstermin: 1. September 2013
Umfang: 132 Seiten
Preise: 12,90 € Paperback / 9,90 € eBook

Rechtzeitig zur EuroPort 2013 – 5.-8. November 2014

Viel Lärm um viel Gestank
Problem Motor?
Alternative Kraftstoffe und Abgasreinigung in der Schifffahrt
Voraussichtlicher Erscheinungstermin: 15. Oktober 2013
Umfang: 132 Seiten
Preis: 12,90 Euro Paperback / 9,90 Euro eBook

Rechtzeitig zur ITB 2014 – 5.-9. März 2014
Zypern · Malta · Cayman Islands
Philippinos auf dem Rhein?
Ausbildungsnotstand der Binnenschifffahrt hausgemacht · Steueroasen der Flusskreuzschifffahrt trocknen aus
Voraussichtlicher Erscheinungstermin: 15. Februar 2013
Umfang: 132 Seiten
Preis: 12,90 € Paperback / 9,90 € eBook

Rechtzeitig zur CeMAT 2014 – 19.-23. Mai 2014

Schiffsunternehmer

Selbständig auf dem Wasser?

Zwischen Befrachtern und Bankern · Dann macht's wer anders ... ·
Wozu sind eigentlich Verbände da?
Voraussichtlicher Erscheinungstermin: 15. April 2014
Umfang: 132 Seiten
Preis: 12,90 € Paperback / 9,90 € ebook

Rechtzeitig zum Europawahlkampf 2014 – 25. Mai 2014

Wasserstraßen

Will Europa das TEN-V wirklich?

Die EU und ihre Wasserstraßen · Jedem Regiönchen sein freifließendes Flüsschen · Leichtern zum Erschweren
Voraussichtlicher Erscheinungstermin: 15. Mai 2014
Paperback / ebook
Umfang: 132 Seiten
Preis: 12,90 € Paperback / 9,90 € ebook

Rechtzeitig zum gmec/SMM 2014 – 9. September 2014

Wasserkraft

Was geschah an der Donau wirklich?

Keine Energiewende nach Fukushima ohne Wasserkraft · Donauausbau: Skandal der verpassten Energien · Energie auf Pump: Ohne Umgehung Scharnebeck keine grüne Wasserenergie
Voraussichtlicher Erscheinungstermin: 1. September 2014
Umfang: 132 Seiten
Preis: 12,90 € Paperback / 9,90 € ebook

Anzeigen, Vorbestellungen (ermäßigt) unter: www.duisburg-gipfel.eu oder auf Anfrage Email info@duisburg-gipfel.eu oder schriftlich an Getfax-Verlag F. Oehlerking, Winterstr. 23a, 85253 Erdweg, Tel.: (08138) 697 63 60.
Alle Angaben ohne Gewähr. Änderungen vorbehalten.

Duisburg Gipfel 2013
Intermodaler Verkehr, Logistik, Wasserstraßen & Häfen
mit Verleihung Europäischer Binnenschifffahrts-Award „ANKER 2013"

Bonn – **8. November 2013**
Voranmeldungen: www.duisburg-gipfel.eu, info@duisburg-gipfel.eu.